entre o véu e a minissaia

RANDA GHAZY

entre o véu e a minissaia

os dilemas de uma jovem muçulmana vivendo no ocidente

Paulinas

Dados Internacionais de Catalogação na Publicação (CIP)
(Câmara Brasileira do Livro, SP, Brasil)

Ghazy, Randa
  Entre o véu e a minissaia : os dilemas de uma jovem muçulmana vivendo no Ocidente / Randa Ghazy ; [tradução Paulinas Editora Prior Velho, Portugal]. – São Paulo : Paulinas, 2014. – (Coleção papo de mulher)

Título original: Oggi forse non ammazzo nessuno.
ISBN 978-85-356-3836-3

1. Ficção italiana I. Título. II. Série.

14-09809 CDD-853

Índice para catálogo sistemático:
1. Ficção : Literatura italiana   853

Título original da obra: *Oggi forse non ammazzo nessuno*
© 2007 RCS Libri S.p.A., Milan

1ª edição – 2014

Direção-geral: *Bernadete Boff*
Editora responsável: *Andréia Schweitzer*
Tradução: © *2009, Paulinas Editora – Prior Velho, Portugal*
Copidesque: *Simone Rezende*
Coordenação de revisão: *Marina Mendonça*
Revisão: *Sandra Sinzato*
Gerente de produção: *Felício Calegaro Neto*
Projeto gráfico: *Telma Custódio*
Editoração eletrônica: *Jéssica Diniz Souza*

Nenhuma parte desta obra poderá ser reproduzida ou transmitida por qualquer forma e/ou quaisquer meios (eletrônico ou mecânico, incluindo fotocópia e gravação) ou arquivada em qualquer sistema ou banco de dados sem permissão escrita da Editora. Direitos reservados.

Paulinas
Rua Dona Inácia Uchoa, 62
04110-020 – São Paulo – SP (Brasil)
Tel.: (11) 2125-3500
http://www.paulinas.org.br – editora@paulinas.com.br
Telemarketing e SAC: 0800-7010081

© Pia Sociedade Filhas de São Paulo – São Paulo, 2014

"Sob os pés das mães surge o Paraíso."
Hadith do Profeta Maomé

À minha mãe,
sob cujos pés surge todo o meu Paraíso.

Raios me partam!

Caminho ao longo da avenida arborizada, exatamente aquela que conduz à minha casa, onde, não se sabe o porquê, nunca se soube o porquê, se registra a mais alta concentração de cocô de cachorro, onde, como consequência imediata, vestida a rigor, com um vestido comprido e caro – muito caro, daqueles que se compra uma vez na vida, com uma escova feita para a ocasião por um cabeleireiro simpaticíssimo, embora meio efeminado, brincos longos e cintilantes, encontrados a cinco euros no cesto de pechinchas de um quiosque do shopping – eu piso em uma das inevitáveis porcarias, pousando toda a planta do pé, elegantemente enfiado num sapato de bico fino e salto agulha de sete centímetros e meio de altura.

É assim que eu vou para o casamento da minha melhor amiga.

Antigamente as coisas não eram assim

Antigamente ninguém pisaria em cocô de cachorro no dia do casamento de Amira, e Amira nunca poderia se casar aos 23 anos.

Amira e eu somos amigas porque a minha mãe e a dela se conhecem desde sempre, o meu pai e o dela se encontram aos sábados à noite para fumar narguilé, nós duas adoramos o Johnny Depp e já combinamos que quando uma das duas puser o véu, a outra também vai pôr.

Por isso somos amigas, irrevogavelmente amigas.

Amira e eu frequentamos a mesma escola desde o Ensino Fundamental. Ambas terminamos o Ensino Médio com nota máxima.

A nossa relação é uma espécie de simbiose que nos induz à reciprocidade, o que significa, do meu ponto de vista, que: "Somos como irmãs, por isso aquilo que é seu é meu e aquilo que é meu é meu". Do ponto de vista dela: "Você pode fazer o que quiser de tudo aquilo que eu tenho, mas não toque na minha coleção de sapatos".

Então eu uso os vestidos e os perfumes de Amira, mas nunca os sapatos dela. Exceto hoje, no dia do seu casamento, em que calcei o de bico fino e salto agulha, que agora cheira a cocô de cachorro.

Não entendo por que é que uma pessoa tem de se casar tão nova

Amira nem sequer terminou a faculdade!

Eu sabia que deveríamos ter escolhido a mesma faculdade... Se estudássemos juntas eu a teria mantido afastada dos meninos e ela não teria conhecido Shedi, aquele microcéfalo que agora pretende torná-la Senhora Abdel Kader. Mas aonde é que se pode chegar com um sobrenome como esse? Como é possível que Amira não perceba que está prestes a adotar um sobrenome que acabará com a sua imagem? Como é possível que ela não compreenda que eu serei obrigada a deixar de falar com ela e a fingir que não a conheço quando passar por ela na rua?

A gota d'água foi a mensagem que ela me mandou há alguns dias: "SOCOOOORROOOO! Futura sogra propõe, ou melhor, impõe, visita a ginecologista (o dela). Objetivo: verificar a necessária, imprescindível e imaculada condição para desposar o seu Santíssimo Filho. Acha que é grave?".

Recebi a mensagem quando estava na frente do espelho, experimentando o vestido com e sem soutien (devo dizer que este faz milagres) e observando, desesperada, as pontas duplas do meu cabelo, completamente espigadas.

Assim que a recebi, encaminhei logo para o celular da Reverenda-Mãe da Abaixo-Assinada, que até aquele momento defendia a substancial inocuidade da Mãe do Sr.-Shedi-por-favor-mudem-esse-sobrenome, seguida de uma mensagem com o meu comentário: "No casamento eu a-c-a-b-o com ela!".

A minha mensagem foi recebida e metabolizada em poucos minutos, e por minha vez recebi e arquivei a resposta da Reverenda-Mãe: "Vá se encontrar com Amira, acho que ela precisa de você"; abandonei, por isso, o sapato de salto impróprio, mas decididamente sexy – para quem sabe usar –, peguei a chave do carro e pisei fundo. Quando enfim cheguei diante de Amira, eu disse:

– Se você casar, eu ponho o véu!

Quando o jogo endurece: se alguém não quer brincar, não é obrigado

A cena do véu é complicada.

Eu acredito em muitas coisas, mas a primeira de todas é que os homens não devem meter o nariz nessa história.

É como uma mulher aceitar conselhos do marido sobre a maneira de enfrentar a gravidez. Um homem – a menos que se trate de Arnold Schwarzenegger em *Junior*, aquele filme em que ele fica grávido – não deveria, nem mesmo por distração, pensar que tem a menor ideia do que quer dizer menstruar, entupir-se de remédios para cólicas, fazer depilação com cera quente ou, pior ainda, ter um feto irrequieto na barriga, que não vê a hora de sair pra ver o mundo.

Por isso, calem-se, por favor.

Afastados os homens, acabam os debates. Cada uma faça o que achar melhor.

O véu é como a cera quente: use quando achar que deve, ignore o que os outros esperam de você. Use quando se sentir capaz. Senão, é sacrifício demais.

Os homens gostariam que estivéssemos sempre e perfeitamente depiladas. Esqueçam!

EU NÃO SOU FEMINISTA.

NO ENTANTO...

... se os homens muçulmanos passassem um pouco mais de tempo fazendo um exame de consciência, e um pouco menos observando o que uma mulher diz, o que uma mulher veste, como uma mulher ri, quantas vezes por mês uma mulher depila as sobrancelhas..., talvez as coisas funcionassem um pouco melhor.

O Alcorão dirige-se ao beduíno médio do século VIII, barbudo, amante de vinho de tâmaras e com alguns problemas em conter a sua vontade irrefreável de casar com dezenas de mulheres.

Portanto, dirige-se a uma segunda pessoa singular ou plural masculina.

MAS,

... isto não significa, de fato, que os mencionados beduínos que evoluíram (mas não muito) para os atuais homens muçulmanos, globalizados-globalizáveis-isso-ainda-temos-de-decidir, sejam de algum modo superiores às mulheres e, portanto, autorizados a assumir o papel de juízes.

Se as mulheres devem pôr o véu, no fundo a culpa é deles, dos homens, quero dizer, porque eles não conseguem resistir ao estonteante fascínio sedutor do corpo feminino, então, essencialmente, o verdadeiro problema é: AMIRA, NÃO SE CASE COM SHEDI ABDEL-AQUELE-QUE-É, porque...

– Por que, Jas? Eu amo o Shedi.

– Porque é inconcebível que ele permita que a mãe dele obrigue você a ir a uma consulta com um ginecologista! Shedi sabe que você é virgem. Vocês conversaram sobre isso, não conversaram?

– Sim, conversamos.

– Então, me desculpe, mas a girafa velha devia ficar de fora!

Abre parêntesis: a mãe de Shedi tem um pescoço longuíssimo, coisa nunca vista. Fecha parêntesis.

– Sim, mas é apenas uma formalidade... Se a família dele faz questão, por tradição, sei lá, o que é que me custa?

A propósito, a minha mãe me deu o nome de Jasmim por causa da história de Aladim... Não, não ria, isso foi bom para mim. A ideia inicial era me chamar Sherazade, como a personagem de *As mil e uma noites*. Por isso digo que foi bom para mim.

– É exatamente essa a questão! Não é por tradição coisa nenhuma, Amira, mas por um motivo muito mais mesquinho: vamos, olhe para nós... somos bonitas, jovens, estudantes e, ainda por cima, SEM VÉU! Acha que a mãe dele já não tem uma ideia feita sobre você?

– Ou seja, você acha que...

– Eu não acho nada, eu sei! É isso. A girafa não acredita que você seja virgem. Ela acha que nós somos duas doidivanas, incontroláveis e libertinas. Aposto o que você quiser.

– Então, o que devo fazer?

– Diga não! Diga que não vai a consulta nenhuma e que ela não se meta na sua vida!

A culpa é toda minha, segundo a minha mãe

Ao voltar do trabalho, minha mãe veio para cima de mim, dizendo que, por minha culpa, um casamento estava prestes a ir para o beleléu.

Desatei a rir e quase engasguei com o café.

Levantei e peguei a cafeteira para servir café também para minha mãe.

– Mãezinha, quer se acalmar? Quer se sentar? Quer tirar essa blusa horrorosa?

Eu sei que funciona: dito e feito, minha mãe, surpresa, pousa os olhos na blusa cor de maionese fora de prazo e se distrai. No entanto, a distração passa rápido.

– Jasmim, você sabia que Sumaya me ligou para dizer que Amira bateu o pé e não vai mais à consulta? E sabe o que é que Amira disse para a mãe dela?

– Que fui eu que a aconselhei?

– Que foi você que a aconselhou. E sabe o que é que Sumaya disse?

– Que a filha dela se deixa influenciar demais por mim?

– Que a filha dela se deixa influenciar demais por você.

Pronto. Como se essa conversa não fosse por si só uma lenga-lenga, ela ainda tem essa mania irritante de repetir o que eu digo. Ou melhor, de me fazer perguntas retóricas, de me obrigar a responder e, depois, repetir as minhas respostas. Parece um rito sádico.

– Na mensagem eu sugeri que você fosse se encontrar com Amira para apoiá-la, não para fazer uma lavagem cerebral nela, Jasmim...

Isso é pior ainda: o meu nome no fim das frases. Fico louca. Qual a necessidade de repetir o meu nome no fim de cada frase? Sinto que estou sendo tratada como uma retardada.

– ... porque você é.

– O quê?

– Está me ouvindo ou não? Eu estava dizendo que não vou negar que você é uma conselheira importante para Amira, porque você é. Mas não pode tomar decisões por ela.

– Olha só, mamã, eu não aceito que uma velha bisbilhoteira se atreva a julgar Amira. E você sabe muito bem que eu detesto a beatice de certas senhoras que ainda pensam que se pode julgar a integridade moral de uma moça pelo fato de ela usar ou não o véu. Se Amira usasse o hijab, a mãe de Shedi nunca teria pedido que ela fosse a essa consulta. Mas, como Amira é uma menina moderna, cheia de vida e que sabe conciliar a sua fé com a vida cotidiana, aquela descarada pretende humilhá-la expondo-a publicamente ao ridículo, porque, em seu entender, ela não é virgem. Quem é que vai se casar, Shedi ou a velha girafa?

– Jasmim, não a insulte, é uma senhora e...

– E uma beata, isso sim. E espero que você nunca fique como ela, mamã.

Bebe o café, colocando em seguida mais uma colherzinha de açúcar. Um dos maiores fracassos na minha vida é preparar café ao gosto da minha mãe. Se coloco duas colheres, diz que é demais. Se coloco uma, acrescenta outra. Já experimentei colocar uma e meia, uma e três quartos, mas não há nada a fazer. O café nunca fica do gosto dela. Acho que isso agora já se tornou uma guerrinha particular.

– Jasmim, eu penso exatamente como você. Se a sua sogra um dia impusesse uma coisa desse gênero, eu acabava com ela. Mas nesse caso não se trata de você, nem se trata da sua sogra. Por isso tente se manter no seu papel, o de melhor amiga, e não tente tomar o lugar dela, nem da mãe dela. Eu acho que Amira sabe se defender bastante bem sozinha.

– Eu não sou apenas uma amiga... caramba, você sabe melhor do que eu, Amira é a irmã que eu nunca tive. É o meu *alter ego*. Aquilo que acontece com ela é como se acontecesse comigo. E depois você sabe das nossas decisões, das nossas promessas...

– Que quer dizer com isso?

– Que dei um ultimato.

(acho que agora fiz uma grande burrada, nunca deveria ter confessado)

– Ou seja, se ela se submeter a essa farsa e casar com Shedi, eu ponho o véu, o que significa que ela também vai ter de usar.

– Agora você me deixou realmente zangada, Jasmim. Não desconverse. Além do que, o véu não é um instrumento de vingança para você usar a seu bel-prazer; você nem sequer imagina o que significa usá-lo! Não faz a menor ideia! Você nunca estaria disposta a renunciar às suas minissaias, às blusas sem mangas, ao biquíni, aos vestidinhos de verão... para não falar de como está obcecada com o seu difícil "processo de ocidentalização", como você chama, com os preconceitos das pessoas, com a faculdade...

– Está tentando dizer que eu não tenho coragem de usá-lo?

– Só estou dizendo que você não está preparada para isso. É um passo que não faz sentido. Ainda tem mil paranoias a superar, todos os dias joga na minha cara a nossa diferença de geração e de cultura, só sabe repetir que é diferente de nós, e agora me vem com essa história de hijab... não me faça rir!

Receio que ela tenha razão.

Meia-volta, volver – o tempo necessário para refletir um bocadinho

É preciso registrar o enésimo fracasso.

Objetivamente, minha mãe tem razão.

Eu nunca serei capaz. De usar o véu, entenda-se. Com tudo o que isso implica.

Uma mulher sai de casa e diz: "Não faço questão de ser sensual. Não faço questão de mostrar as minhas belas pernas ou o penteado que acabei de fazer no cabeleireiro, não faço questão de usar um belo decote que faça ressaltar o meu magnífico peito, e nem ligo se os homens se viram e assobiam quando passo na rua. Estou pouco me lixando. O meu rosto está diante de vocês, exponho todo o meu ser com a sinceridade dos meus olhos, olho para dentro de vocês e vocês, intimamente, olham para dentro de mim. Não há minissaia que supere isso".

É assim que funciona. Então, o véu é uma experiência das mais profundas e, sinceramente, espirituais que conheço. Passa a ser um modo de abandonar as convenções.

Um modo de ser elevada até onde, de outro modo, nunca se conseguiria chegar.

Até onde só a mente, o coração e o espírito é que contam.

Um modo de obrigar os outros a olhar para dentro de você, porque fora não há nada para se ver,
não há um cartão de visita para mostrar
não há libido nenhuma a satisfazer.

Uma vez, quando viajei para Marrocos de férias, perguntei a uma menina que usava véu:

– Está mais de trinta graus. Você não sente calor?

Esta foi a sua resposta lapidar:

– Isso não é nada em comparação com as chamas do inferno.

Isso não é história. É coisa de outra dimensão, outra vida.

E eu, do nível inferior da minha humanidade, do meu mais humilde e prosaico modo de estar no mundo, não consigo alcançar.

É o meu modo de viver, não conheço outros.

Devo ser sincera e admitir

... que a Dona Girafa organizou um casamento maravilhoso. Quer dizer, a Dona Girafa e a mãe de Amira. Enviaram convites a hordas de parentes, que voaram para cá um atrás do outro, e que depois acamparam na casa do noivo e da noiva; salões de beleza com horários agendados para cada participante, das menininhas às mulheres mais maduras; roupas temáticas, havendo, portanto, uma profusão de faixas e gravatas azuis, porque essa foi a cor que o noivo escolheu, e laçarotes lilás por toda a parte, porque é a cor preferida de Amira (eu escapei porque o soutien com bojo que estou usando é roxo, e eu pedi a Amira que considerasse isso suficiente), algumas mulheres chegaram até a usar vestidos dessa cor, detalhe digno do Guinness; um buffet de vários quilômetros, com canapés de aspecto perigosamente irresistível (eu enchi tanto o meu prato que mais pareço uma refugiada na Cáritas... sério, tenho vergonha de mim mesma); bebida à vontade e, como último toque de classe, contratada na última hora, ela, a inevitável e incomparável dançarina do ventre-como-o-seu-marido-com-os-olhos-e-você-não-pode-fazer--nada-além-disso-não-vê-que-todos-os-homens-aqui-dentro--estão-com-os-olhos-grudados-em-mim.

Eu poderia humilhá-la, se ao menos tivesse força suficiente para largar os canapés, equilibrar-me sobre o salto agulha e fazer alguns movimentos que pudessem pelo menos se assemelhar vagamente a uma dança.

Mas, neste momento, creio que tentar fazer isso seria muito perigoso.

Deixo de lado a missão, mas não perco de vista a palerma que agita o ventre, lanço um olhar a Amira, que parece um pouco desorientada. É óbvio que o imbecil do seu noivo não tira os olhos da dançarina.

Decido salvar a situação de forma indolor, mas oportuna. Faço menção de me levantar, mas sucedem-se três coisas, na seguinte ordem:

1. Minha mãe, do outro lado da sala, entorna uma garrafa de sharbat em cima de uma senhora, o dobro dela, com um ar vagamente raivoso e vingativo, e um indescritível vestido (nem precisava dizê-lo) lilás com uma inconcebível faixa vermelha na cintura (que a faz parecer um pedaço de peru partido ao meio);

2. A dançarina do ventre, aliás, a comedora de homens solteiros, tropeça na saia e se esborracha no chão. Todos os presentes ficam petrificados, as mulheres atônitas diante do desastre, os homens concentrados em tentar avistar a metade do seio direito que emerge do bustiê (claramente um número menor que o dela, eu conheço muito bem esses truques);

3. Amira desata a chorar. Sim, eu sei, parece absurdo que eu tenha reparado numa coisa desse tipo num momento de tamanha confusão, mas garanto que enquanto todos olhavam para a minha mãe, para a perua e para a dançarina caída, eu só tinha olhos para Amira. Tento captar no seu olhar alguma vibração positiva que salve a situação, mas percebo, pelo contrário, que a sua maquiagem está se desmanchando, debaixo de um rio de lágrimas.

Batemos em retirada para o toalete feminino.

– Que foi?

– Não quero!

– Não quer o quê?

– Não quero me casar, Jas... não quero.

– Você já se casou, Amira. Acabou de se casar!

– Sim, mas... não sei, estou me sentindo sufocada, como se tivesse cometido um erro enorme, e...

– Que está acontecendo, Amira?

Viramos de repente e entra ele, o paladino da justiça, o admirador de dançarinas do ventre, com os olhinhos reduzidos a duas estreitas frestas, o olhar cinicamente desconfiado. Obviamente faz a pergunta a Amira, mas olha para mim, como se me acusasse, de forma implícita, de eu ter sido a causadora das lágrimas de Amira.

– Nada, amor, está tudo bem. Eu só vim um minutinho ao toalete para conversar com a Jasmim...

– Sim, ao toalete *feminino* – sublinho, olhando-o de lado.

Ele se atreve a se aproximar e a lançar-me um olhar fulminante. Pega Amira pelo braço (mas imagino que sua vontade era agarrar o meu, e torcê-lo).

– Anda, vem, Amira. Vamos voltar lá para dentro. Estão à nossa espera.

– Desculpe, mas se Amira veio ao toalete é porque precisa estar aqui. Durante o tempo que for necessário. Talvez queira retocar a maquiagem, e assim você a obriga a sair toda borrada. Não me parece uma atitude muito bonita, não sei se você percebe...

Novo olhar furioso. Um olhar de desafio. À nossa volta, a terra arde sob o sol abrasador. Mãos nos coldres. Puxamos as pistolas. A minha é uma colt linda, a melhor, lilás, porque a noiva assim o quis. A dele...
Amira interrompe as minhas fantasias.

– Vou retocar a maquiagem, amor. Já vou encontrar você.

Volta a meter a pistola no coldre. Alisa o cabelo e estica as pernas, fincando as botas no chão.

– Está bem. Espero você aqui fora.

– Jasmim! Pode-se saber o que é que você está maquinando?
– O que é que o seu maridinho está maquinando, você quer dizer. Por que tem de ser sempre eu a causa dos seus problemas? Por que é que, para ele, sou sempre eu que desencaminho você, que levo você para o mau caminho? Será que você percebe isso? Ele vê você chorando e automaticamente a culpa é minha! É uma coisa do outro mundo...
– Jasmim, isso não é verdade. Só que, provavelmente, ele intuiu que há qualquer coisa errada, e quis se mostrar protetor... ele me entende, sabe? Deve ter percebido que eu não estou bem.

– "Ele me entende"... Por quê? Por acaso eu não entendo você? Lembre-se de que, enquanto você chorava, ele estava com os olhos grudados nos peitos daquela dançarina idiota, que sinceramente eu não sei quem teve a brilhante ideia de chamar...

– Isso não é verdade, Jas... ela estava caindo, todos estavam olhando para ela. Não seja má.

– Então me diga: por que está chorando? Por que está cheia de dúvidas, justamente agora?

– Ah, não seja injusta... se eu estou assim, a culpa não é dele.

– Eu não sei de quem é a culpa, Amira, mas sei que se você o ama de verdade, devia sair daqui com um sorriso gigantesco e pular no pescoço dele. Eu entendo que você possa estar com medo de casar, de se comprometer para sempre com um homem, de assumir todas essas responsabilidades. Mas foi você que o escolheu. E, se o escolheu, deve haver algum motivo... se durante todos esses meses você fez de tudo para tornar possível este dia, isso quer dizer que, ao que parece, você ama esse homem.

– Sim, Jasmim, eu o amo. Só pode ser essa a verdade. Mas tenho medo.

– Só pode ser essa a verdade. Bah, essa não é uma resposta muito convincente. Você está se comprometendo com ele para sempre. Deve ter certeza de que o ama. Deve sentir isso dentro de você, com tanta força, que não pode deixar de acreditar nisso.

– Eu acredito, Jas. Mas não queria perder certas coisas... que para mim são importantes.

De repente, sou assaltada por uma dúvida gigantesca. Volto a empunhar com firmeza a minha colt lilás. Saio da porcaria deste toalete e faço uma chacina, juro que faço. Se por acaso for como eu penso...

– Amira, quando é que você volta da lua de mel?
– No fim de agosto, talvez no começo de setembro... sabe...
– Em que dia, exatamente?
– Ainda não sei... Estamos vendo, ainda temos de decid...
– E o início das aulas?
– Ah, vou perder só alguns dias, no máximo.
– Está bem. Vamos resumir: Mr. Shedi se casa com você nas férias. Viajam em lua de mel. Vão passar os próximos meses decorando a casa, e depois talvez, ou antes, com certeza, como deve ter programado a velha girafa fedorenta, no prazo de um mês você engravida. Ou seja, adeus faculdade. Ou seja, alguma coisa me diz que Shedi está planejando fazer você parar de estudar.
– Isso é golpe baixo, Jasmim. Como pode pensar que...
– Você fala de medos, de coisas que para você são importantes. Noto certa tensão entre vocês. No dia do seu casamento você está chorando num canto, com a sua amiga indesejável. Parece evidente que alguma coisa está errada.
– Shedi não me disse claramente que eu tenho de parar de estudar, só que, segundo ele, seria bom dar um tempo para...
– PRONTO! Eu sabia! Tinha certeza absoluta! Dar um tempo, diz ele... é verdade, é verdade... e nesse meio-tempo faz um filho atrás do outro. São todos iguais, esses homens. E você não disse nada? Acha isso normal? Uma coisa tão importante?
– Jasmim, essa é uma decisão que *eu* tenho de tomar. Shedi nunca me impôs nada. É que casar é um passo tão importante, é natural pensar...

– Então me responda, por favor, por que é que se casou agora? Por que não esperou a formatura? Por que não pensa em primeiro terminar o que começou?
– Porque encontrei um homem que amo.
– Então ame, pelo amor de Deus, mas sem se casar! Espere um pouco – que sei eu – adie o noivado por mais uns anos, fale com ele.
– Jasmim, não blasfeme, por favor.

Não é hora de pistola lilás, nem de faroeste, nem de combates. Não é hora de questionar a sanidade mental de Amira. É hora de aceitar que também existe isto. É tempo de aceitar que os sonhos e os projetos desmoronem sob o peso das obrigações sociais.

– Shedi está esperando você, Amira.

Digo com uma vozinha fraca, que parece estar sumindo pouco a pouco. Desvio o olhar, impedindo-a de ler nos meus olhos a desilusão e a tristeza.

– Já vou.

Amira funga, alisando o corpete do vestido. Coloca-se na frente do espelho e, num instante, limpa as lágrimas, voltando a assumir o ar alegre que lhe compete neste momento.
Vira-se para mim.

– Não...

Faço um gesto pacífico. Saia, por favor. Antes que... agora. Já.

O bolo é bom,
porque fui eu que escolhi

É verdade. Fui eu que disse: "É aquele! Tenho certeza absoluta!".

Amira, a mãe dela, eu e a girafa. Naquele lugar maravilhoso onde os bolos de casamento apareciam de todos os lados, chamando-me, impacientes.

E aquele estava ali, imponente, em destaque, superior a todos os outros.

Coberto de raspas de chocolate branco.

Foi justamente isso que me conquistou de vez. "Olhe, Amira, chocolate branco! É o nosso!"

Mostraram em seguida as figurinhas de açúcar. Só que o noivo era enorme.

Isso mesmo. Não é que fosse mais alto ou mais gordo, era fora de proporção. A cabeça dele era o dobro da cabeça da noiva, incluindo tiara e véu, uma coisa impressionante. Além disso, tinha um laço vermelho no pescoço. Horrível. E via-se claramente que os sapatos tinham sido engraxados com sebo. Tinha um sorrisinho cínico, insuportável.

A noiva tinha a cabeça sutilmente baixa, de forma quase imperceptível.

Exatamente assim! Aquele monstro de noivo que lhe dava a mão, e ela de cabeça baixa. Não consigo acreditar que alguém possa inventar uma coisa assim. Por isso fiz uma grande algazarra.

"Não, veja, minha senhora, este casal é mesmo apropriado para este bolo."

"Bem, o bolo é maravilhoso, mas estes dois... não, na verdade, mudem pelo menos o noivo."

Amira insistia que estava bom, que ninguém ia reparar nisso.

Uma coisa de outro mundo.

Por fim a convenci a pedir outro noivo. Responderam que os dois estavam ligados, que também teriam de trocar a noiva.

"Tudo bem", disse eu. Enquanto isso, a girafa me olhava desconfiada, porque eu estava "tomando a iniciativa".

Foi o que minha mãe me contou mais tarde.

Fiquei em silêncio, quando trouxeram os outros casais. Alguns eram horríveis.

Amira escolheu outro, que continuava a ser um pouco machista. A noiva era comestível, e o noivo não.

Vá entender!

No entanto, pelo menos eram proporcionais. E foram esses que Amira escolheu.

E agora este bolo domina o centro do salão. Já restam apenas os dois andares inferiores. Os outros três já foram "devorados". Pedi uma fatia do andar de cima. Quis exatamente aquele onde o noivo e a noiva fincavam os pés. Em seguida pedi a Amira que me desse o noivo.

Amira achou o meu pedido muito estranho, disse que queria guardar as figurinhas, ao que eu respondi que isso seria pouco sensato, porque a noiva acabaria se desmanchando.

Olhou-me contrafeita, pensando que eu estava sendo cínica.

Justamente quando, como poucas vezes na vida, eu falara sem uma ponta de ironia.

Sinto uma grande tristeza enquanto mastigo este bolo. Segurando na mão o noivo, torturo a sua gravata. Azul, nem era preciso dizer.

Acho que dá para perceber quando eu como com tristeza. Como bocados pequenos, sem me empanturrar de comida, como habitualmente.

Alguns poderão pensar que estou comendo com tanta delicadeza por estar num casamento.

Mas não é verdade.

Penso em tudo o que perdi, e dedico cada pedacinho às oportunidades perdidas.

Minha mãe e meu pai, durante toda a noite, refestelados nos seus lugares de honra, riem e dão gargalhadas, fazendo coro com os pais de Amira.

Amira também está no seu lugar de honra. Está ao lado do seu marido que com uma mão inoxidável aperta a sua, desde que ela saiu do toalete.

Sinto uma lágrima traidora querendo escorrer, reprimo-a e começo a comer pedaços maiores.
Droga!
Um pedaço de bolo cai no meu vestido. Pego um guardanapo, tento limpar a mancha, mas só consigo fazê-la aumentar.
Droga!
Pego dez guardanapos de uma só vez e cubro com eles a mancha, que parece cada vez maior.

– Acho que isso precisa de água.

Ergo o olhar, surpresa, sentindo as faces arderem ainda antes de ver quem me dirigira a palavra.

– Quer dizer, acho que essa montanha de guardanapos não serve para nada.

Baixo o olhar para o monte de guardanapos que espalhei sobre a saia. Volto a fixá-lo no rapaz de boa aparência que está na minha frente.

– Enfim, acho que não há nada a fazer.

Depois começo a refletir sobre a estupidez daquilo que acabei de dizer. Parece que tinha tomado uma decisão muito séria, sei lá, como um cirurgião que estivesse operando um doente. Mas ele também não está brincando. Tem uma expressão muito séria, pelo menos é o que parece.

– É amigo do noivo?
– É amiga da noiva?
– O que é que você acha?

Se a conversa continuar assim, talvez seja melhor retomar o tema dos guardanapos.

– Eu acho que você é irmã da noiva.
– Eu acho que não.

Sorri e enfia a mão no bolso.

Agora, que o olho com mais atenção, noto que não é exatamente bonito. Ou seja, não é bonito no sentido mais comum do termo. Se eu o tivesse visto na rua, de calça jeans e camiseta, com esse olhar de cachorro que caiu da mudança, de repente nem repararia nele.

Mas esta imagem...
esta imagem...
é extremamente agradável.

Esta imagem, imobilizada e em preto e branco, tem qualquer coisa de extraordinário. Este instante, com este sorriso,

esta mão direita no bolso, e a esquerda brincando com os botões da camisa, esta leve ironia, esta forma discreta de falar comigo...
    É extraordinário.

    – Então me diz quem você é.
    – Eu perguntei primeiro.

    Volta a sorrir. Vamos lá. Assim as coisas não vão nada bem.
    Senta-se no lugar ao lado do meu. À frente dele, o prato limpo e relimpo da minha mãe.
    Flores de cor lilás num vaso, como em todas as outras mesas. E depois o copo de mamã, com a marca inconfundível do seu batom.

    – Podia ter perguntado se podia sentar.
    – Posso sentar?
    – Não.

Fica calado por um instante, talvez pensando na resposta.
Eu sorrio,
porque esta situação
me agrada.
Sim.

    – Tanto faz. Eu sou primo de Shedi.

Sorrio, satisfeita.

Depois digiro o que ele disse: parente de Shedi? Socorro. É ainda pior do que eu poderia imaginar.

– Agora é a sua vez.

Quero dizer, se ele é da família de Shedi, deve ser da mesma laia. Gente convencida, arrogante, que julga ter o direito de exclusividade sobre tudo.

– Desculpe, o que você disse?

Começa a brincar com o guardanapo da mamã, também este com a marca do seu batom.
Um verdadeiro desastre.

– Acho que você é uma pessoa muito íntima da noiva... acho mesmo que a mais íntima de todos.
– É mesmo? Por quê?
– Primeiro, porque a noiva não para de olhar para você.
– Talvez esteja olhando para a senhora que está atrás de mim, e você tenha se confundido.

Viramo-nos ambos, de forma espontânea.
Mrs. Vestido-lilás-de-faixa-vermelha-na-cintura, aliás, a Mãe de todos os Perus.
Sim, precisamente ela.

Na mesa atrás da minha. Olha só que coisa. Nos casamentos acontece de tudo.

– Acho que não. Acho que a minha mãe nunca trocou mais de meia palavra com a noiva.

Pigarreio.
Raios me partam. Justamente um segundo antes de dizer em voz alta...
Os caminhos do Senhor são mesmo insondáveis.

– De qualquer forma, a noiva se chama Amira.
– Certo.

Olhamo-nos por um instante.
Não sei ao certo aonde ele quer chegar.

– E, além disso, você é muito protetora em relação a ela.
– Que quer dizer com isso?
– Não sei. Você frisa bem que ela tem um nome, passou um tempão no toalete com ela, ela quis que você saísse praticamente em todas as fotos...
– Ou seja, espere um pouco, me explique uma coisa: você passou o tempo todo observando cada um dos meus movimentos, ou o quê?
– Isso incomoda você?

Reflito por um segundo.

– Não.

Chegando a este ponto, talvez o embaraço seja ainda maior do que antes.

Olho à minha volta e noto que as pessoas estão dançando.

É uma música romântica, "You are the sunshine of my life", de Steve Wonder, a preferida de Amira, é óbvio.

Nisto há qualquer coisa de ainda mais embaraçoso. Olho para Shedi e Amira dançando, tentando roubar a luz que ilumina os olhos de ambos.

– Eu sou a melhor amiga de Amira.

Ao dizer isso, não desvio o olhar dos seus olhos apaixonados.

Acho que há qualquer coisa de muito triste dentro de mim ao vê-los cada vez mais apaixonados, minuto a minuto.

Depois julgo ter percebido que o sujeito estava sorrindo. De ter percebido isso, não sei como.

De fato, me virei de repente e dei de cara com ele sorrindo, divertido.

– Eu tinha percebido.

Neste momento, me vêm à mente várias coisas. Shedi. A velha girafa... Lembro-me de todos os insultos que usei em relação a eles.

De todas as situações.

De todas as vezes que falei mal deles com Amira. De todas as vezes que eles devem ter falado mal de mim com Amira.

De todas as vezes em que me impus.

Na estilista. Na doceria. No buffet. Na casa de Amira. Na casa de Shedi.

– Eu...

– Parece que você não tem uma relação muito boa com Shedi.

– É que...

– Não se preocupe, eu também não tenho. E a minha mãe também não tem com a mãe dele.

– São irmãs?

– Exato. Mas se odeiam. Minha mãe só veio por educação, por assim dizer. Já estava nervosa, e depois, por causa daquela maluca que há pouco entornou o sharbat no vestido dela, ficou...

Neste exato momento, minha mãe nos olha de longe, desconfiada. Aproxima-se lentamente. Ao chegar à mesa, perscruta o rapaz, depois a mim, e finalmente diz:

– Jasmim, meu tesouro, vem dançar. Amira quer que as suas melhores amigas dancem com ela. Há horas que ela está olhando para você, e você nada!

Ele fica muito corado.

Eu não me atrevo a ostentar um grande sorriso de satisfação.

E vou dançar.

No carro, não consigo parar de sorrir

– E aquele rapaz, quem era?

– Não sei, papá.

– Como é que não sabe? Estava sentado ao seu lado.

– Acho que era um parente de Shedi.

– Vocês já se conheciam?

– Imagina!

– Querido, vá mais devagar. E o que é que ele queria de você?

– Que raio de pergunta, mamã... nada, só queria conversar.

– Havia muitas outras moças na festa. Por que justamente com você?

– Pergunte a ele, mamã.

– Por que é que você está na defensiva, Jasmim?

Pronto, de novo. O meu nome no fim da frase. Fez de propósito, tenho certeza de que foi de propósito.

– Eu não estou na defensiva, mamã. Só estou respondendo às suas perguntas. Mais parece um interrogatório.

– Vou fingir que não percebi que você está disfarçando. De qualquer forma, é um belo rapaz, aquele primo de Shedi.

– Eu não disse que ele é primo de Shedi.

– Mas eu sei.

– Santo Deus, mamã... a quem é que você perguntou?

– Ah, andei investigando, como quem não quer nada...

– Você é terrível! Quer dizer que eu mal troquei duas palavras com ele, e você foi logo investigar para saber o número do RG e o grupo sanguíneo dele?

– Não, isso não. Só sei que ele se formou há pouco tempo em engenharia mecânica, que mora perto de Shedi, na rua paralela à dele para ser mais exata, que joga basquete e, realmente, é muito alto; esteve noivo de uma moça que o deixou por ele ser muito ciumento, e os olhos verdes são mesmo dele. Ou seja, não são lentes de contato, são olhos verdadeiros. E muito bonitos.

– Santo Deus, está brincando comigo? Diz que você inventou isso tudo, por favor.

– Devo admitir que a mãe de Shedi é uma verdadeira fonte de notícias. Eu só perguntei se ela sabia quem era aquele rapaz alto... acho que ela pensou que alguma moça da nossa família tinha pedido informações sobre dele, por isso tentou de algum modo promovê-lo. Bem, foi simpático da parte dela.

– Muito, mamã. Mas eu imploro que, no futuro, evite situações desse gênero. Sabe como é, eu acabaria com fama de solteirona neurótica, desesperada para casar.

– Bem, mais cedo ou mais tarde você também vai se casar, não?

– De preferência bem mais tarde.

– Que quer dizer com isso? Que não se interessa em encontrar o homem certo e constituir família com ele?

– Quero dizer que prefiro dar um passo de cada vez. Primeiro me formar. Depois procurar um trabalho. Depois, quando já tiver um mínimo de estabilidade, talvez pense no príncipe encantado.

– Certo, talvez um pouco antes de se aposentar, ou não, que sei eu?, quando chegar aos 60 anos, depois de já ter realizado o suficiente e de ter feito tudo o que podia fazer.

– Bem, e se fosse assim? Qual o seu interesse em me ver casada?

– Ah, para mim isso não faz diferença nenhuma. Eu já tenho um marido. Se me preocupo, talvez seja para o seu bem. Parece assim tão absurdo?

– Não sei. É que... é que eu ainda estou perturbada com o que Amira fez. Se conseguir se formar já vai estar no lucro... Acho muito injusto.

– Bem, Jasmim, se ela não se formar é porque o diploma não está entre as suas prioridades. Vai ver ela encontrou o que procurava, e isso é o suficiente.

– Que raio de conversa é essa?

– Jasmim, nem todos têm as mesmas ambições que você. Mesmo que Amira seja a sua melhor amiga e tenham crescido juntas, isso não quer dizer que ela espere da vida as mesmas coisas que você. Ela está feliz, você não percebe?

Não, ainda não percebo. E também não entendo as mulheres. Tantos discursos sobre a emancipação e depois...

Mas o que é isto, afinal?

Será uma armadilha social à qual não conseguimos resistir? Será uma inclinação natural da qual não podemos desviar? Será uma obrigação moral, um dever, um prazer, um direito?

Fico morrendo de raiva de pensar que as coisas acabem assim.

– Mamã?
– Sim?
– Como é que se chama o primo de Shedi?
– Ué... você não estava preocupada com a faculdade?

Touché.

Trriiim, trriiim, trriiim... finalmente, o telefone

Com um salto acrobático, seguido de duplo mortal e impulso para a frente, agarro o telefone.

Neste exercício de ginástica olímpica pouco antes executado derrotei gloriosamente a minha mãe, campeã de sou-a-primeira-a-atender-o-telefone; Leila, que nunca chegou a conseguir o título, mas que está bastante bem treinada; e o gato, que também parecia ter sérias intenções em disputar comigo a vitória.

– Alô?

– Alôôôôôôôôô.

– Quem é?

– Não é da sua conta! Hahahahahahahha!

Clic.

– Quem era?

Até o gato estica o focinho para a frente.

– Ninguém, só as crianças brincando.

Sim, porque nós podemos nos gabar de sermos das poucas pessoas no mundo a receber diariamente telefonemas anônimos cuja fonte conhecemos perfeitamente.

Os vizinhos têm dois filhos pequenos que ficam o dia todo sozinhos em casa, e passam o tempo ligando para todos os números anotados na agenda dos pais. O nosso é um dos primeiros.

Recebemos em média três ou quatro telefonemas por dia. Este foi um dos mais agradáveis, diga-se de passagem.

Há os que pertencem à categoria Terror ("Esta noiiiiteee você vai morreeeeer! Hahaha... não, me dá o telefone, sua idiota... como eu dizia, esta noite você vai morreeeeer! Hahaha!"), os Hidráulicos ("Desculpe, estamos fazendo operações de controle da água e das canalizações... pode verificar se as suas torneiras estão funcionando? A água está chegando aí? Então aproveite para lavar o bumbum!!! Hahahahaha!"), e os Desesperados ("Socorro, me ajude! Eu imploro, salve-me! Nãããããããão... Socorro... é... tarde... demais... clic").

Nós não dizemos nada aos pais das crianças. E talvez sejamos os únicos do bairro a fazer isso. Eu até acho graça. Ia sentir falta se eles parassem de ligar.

Chegou, portanto, o momento da verdade.

Estamos na cozinha.

Eu, a minha mãe, que finge cozinhar, Leila (a prima de Amira) e o gato, que finge estar entretido lambendo as suas patas.

Estamos todas muito agitadas. É o dia D.

Sim, porque todos pensam que o dia D é aquele em que uma pessoa casa, mas, na realidade, sobretudo para uma muçulmana, o dia D é o dia seguinte.

Aquilo que acontece depois da primeira noite juntos.

É preciso entender que se trata de uma coisa muito delicada.

Há muitas maneiras de esperar saber, a nossa talvez seja a mais dolorosa: esperamos, pacientes e confiantes, o telefonema de Amira. Para começar, decidimos nos reunir, Leila e eu, para recebermos a notícia ao mesmo tempo.

Caso contrário, é óbvio, seria eu a primeira.

Ou, pelo menos, assim espero.

– Isto é, quero dizer, olha só...
– Leila, estou nervosa.
– Não, de verdade, quero que você me escute. Temos de entender em que porcaria de mundo vivemos.

Sim, Leila é mesmo assim, uma força da natureza. A rebelde da família, segundo dizem.

Eu a acho genial.

É como se os parâmetros normais não funcionassem com ela. São coisas que acontecem na vida.

Quando a vemos, com sua família, no seu ambiente, parece uma menina adorável, bonita e educada.

Contudo, é uma exploradora, das mais notáveis que eu conheço. Além disso, é lindíssima.

Ou seja, ela não só é muito bonita, mas sabe perfeitamente o efeito que produz nas pessoas, sobretudo nos homens.

Tira o máximo partido daquelas vantagens femininas que eu, por estupidez ou por pudor, não sei utilizar.

E consegue sempre tudo o que quer.

Se acrescentarmos que é uma aproveitadora, temos o quadro completo.

Ela contém a sua sensualidade porque é mesmo assim, porque é de uma boa família, porque é muçulmana, para que as pessoas não pensem mal dela, por um milhão de outros motivos.

Mas, quem a vir bem de perto, não conseguirá deixar de perceber quem ela é na realidade.

Não entendo como a mãe dela não percebe: isso só me faz pensar que ela não é mulher o suficiente, que a autorrepressão tenha alcançado nela níveis inauditos. Caramba, você é mulher e tem uma filha do sexo feminino. Bastaria observá-la um pouco mais de perto.

Mas depois, além do fato de Leila ser muito bonita e ser uma aproveitadora, ela também é uma lutadora, despudoradamente lutadora, e isso a torna muito mais parecida comigo do que com a própria prima.

– É claro que estamos todos esgotados. Há qualquer coisa de maravilhoso e de muito triste ao mesmo tempo, não entendo bem por que as coisas são desse jeito...

– Que está dizendo, Leila?

– Olha só: advogada, italiana. Está tranquilamente sentada na sala, com outros advogados e com a polícia. Durante toda a audiência, ela mastiga um chiclete.

– Um chiclete...

– Isso... e essa mulher, a quem vamos chamar de Simplícia, continua a mastigar, a mastigar e a mastigar.

– Simplícia é um nome horrível.

– Então Ceribrina.

– Ainda pior.

– Não é essa a questão. Simplícia é chamada a atenção pelo juiz, que a manda sair da sala e cuspir o chiclete.

– Incrivelmente excitante...

– Deixe-me acabar! Você não entende. Escute, está bem?

Tiro do cesto de frutas uma mexerica e começo a descascá-la.

– Portanto, Simplícia levanta e vai cuspir o chiclete, de acordo?

Droga!

A mexerica espirrou suco por todos os lados, sobretudo nos meus olhos, Santo Deus.

– E depois volta a entrar na sala.

– Diz uma coisa, Leila: essa Simplícia estava de tailleur, né? É importante saber... estava de saia ou de calça?

– O que é que isso tem a ver, Jas?

– Bem, eu diria que pode ser muito importante. Por exemplo, era um juiz ou uma juíza? Se o juiz era um homem e Simplícia estava de saia, e além disso tinha pernas lindíssimas...

– Jasmim, pare de me interromper. Feche essa boca e escute como é que isso acaba.

Vejam, é essa a diferença. Eu me questiono sobre as causas, sobre o contexto, sobre as razões e sobre os matizes, ela segue em frente, como um trem. No fundo, eu só queria saber se a tal mulher estava de saia.

– Passada meia hora, enquanto o juiz assinava a cautelar, a advogada...
– Cautelar de quê?
– Acho que de um homem acusado de ter apunhalado a mulher.
– Sim, mas por quê? Por causa de algum litígio, de uma cena de ciúmes, ou então...
– Escute aqui, Jasmim, feche essa boca e me ouça! Não importa que porcaria de tailleur a advogada estava vestindo, nem porque é que esse desgraçado apunhalou a mulher...

Pronto, agora ficou claro, não? Diante de uma mancha, eu tento entender o que é que a provocou, por isso olho à minha volta. Ela, pelo contrário, está ali com o frasco de tira-manchas na mão, dizendo que é preciso limpá-la.

– Enquanto o babaca do juiz assina a cautelar, a advogada desata a rir incontrolavelmente. Então arma-se um grande barraco, pedem os seus dados pessoais, e ela, imperturbável, fornece-os e depois vai embora, sem resistir minimamente.

– Desata a rir?

– Ainda na sala, quando todo mundo está em silêncio, assim...

– Leila, não entendi. Isso é uma sugestão para que eu abandone o Direito? Está tentando me convencer a desistir de ser advogada?

– Jasmim, você é mesmo meio lenta de entendimento... É evidente que há qualquer coisa de muito lindo em tudo isto.

– Lindo?

– Sim. E também de muito grave. Deprimente.

– Leila...

– Ou seja, estamos todos esgotados. Estamos todos ultrapassados. São coisas desse tipo que nos fazem entender que chegou o momento de nos perguntarmos sobre a porcaria de mundo em que vivemos.

A mexerica está estragada. Num cesto de mexericas, por uma lei matemática ainda não identificada, há sete mexericas boas e uma estragada. Você pode ter certeza de que, mesmo que escolha de olhos vendados, ou por sorteio, você sempre ficará com a mexerica estragada.

Não pode comer uma mexerica boa, porque não é assim que as coisas acontecem.

– Jasmim, está me ouvindo?

– Oi? Sim, sim, eu...

Trriiiim.

Repito as acrobacias de antes, mas Leila me vence no salto mortal. Obviamente, ela é a primeira a chegar ao telefone.

– Sim, Amira?

Passa pela minha cabeça uma hipótese de homicídio, mas alguma coisa me aconselha a ficar quieta e a ligar o viva-voz.

– Leila, o que é que você está fazendo aí?
– Eu e a Jasmim estávamos estudando.
– Estudando? Mas agora não é época de provas.
– Ok, você me pegou; na verdade, às sextas-feiras eu e a Jasmim nos encontramos para fazer tricô juntas. Enquanto ouvimos Duran Duran.

Caio na gargalhada, enquanto Leila estende uma mão e observa, vaidosa, as próprias unhas, embelezadas em uma intensa manhã na manicure.

– Está bem, Leila, que me importa? Então, como é que vocês estão?
– É muita cara de pau me fazer essa pergunta! Como acha que estamos, comparadas a você?

Aprovo acenando com a cabeça e vou para a cozinha em busca das outras sete mexericas, as mexericas boas.

– Bem, na verdade, eu estou no céu!...

Isto me faz levantar as orelhas: pego duas mexericas e corro para a sala. Jogo-me no sofá ao lado de Leila e dou uma para ela.

– Olha só, eu sei que você não vai poder sair de cas...
– Não mesmo, Shedi deu uma saidinha, mas volta já!

Leila descasca a mexerica, prova um gomo e levanta o polegar. Está boa.

– Eu já imaginava. Mas você nos deve pelo menos uma hora. Não posso nem imaginar quantas coisas tem para nos dizer.
– Jasmim está aí com você?

Jasmim está comendo a mexerica ruim. Sim, porque o segundo teorema matemático sobre as frutas diz que se você pegar duas mexericas, uma para você e uma para Qualquer Outra Pessoa, a dessa Qualquer Outra Pessoa será ótima, e a sua estará axiomaticamente estragada. É a exceção: neste caso, as mexericas estragadas passam a ser duas sobre oito.

– Sim, sim, por isso deixe de enrolar e comece a falar. Queremos saber TUDO.

Cuspo a mexerica.

– Então... por onde começo?

– Pelo momento em que vocês entraram no carro, é óbvio.
– Bem, ele estava muito... como posso dizer... impaciente.
– Já imaginava.

Leila pisca o olho para mim e disfarço a risada.
Estou meio nervosa, não sei por quê. Deixo a mexerica estragada na mesinha lateral.

– Mas, no carro, só nos beijamos.
– Ainda bem!
– Embora, na realidade, o motorista não pudesse nos ver, porque havia o...
– Eu sei, eu sei. Mas isso seria pouco elegante, não acha?
– Bem, lá isso é verdade.

Leila desata a rir. Eu sei que ela está provocando Amira.
Como ela é ingênua, Santo Deus!

– E depois chegamos em casa.
– É claro, evidente. Ele pegou você no colo?
– Não, na verdade, eu saí primeiro, porque ele tinha de acertar qualquer coisa com o motorista.
– Uau. Quanto romantismo!

Concordo... plenamente.

– Pelo menos assim tive tempo de tirar o vestido e...

— Está brincando? Não foi ele que tirou?

— Leila, a que filmes você anda assistindo?

— Acho que seria o mínimo! É um clássico, o noivo que tira o vestido da noiva.

— Não, o meu vestido era uma verdadeira tortura. Levei dez minutos só para tirar o corpete.

— Se ele tivesse ajudado, você teria levado menos tempo.

Já estou subindo pelas paredes. Arranco o telefone da mão de Leila, que esboça, despeitada, aquilo que pretendia ser uma exclamação de desapontamento.

— Oi, Amira!

— Jas! Como você está, amor?

— Estou bem. Mas já estou com saudades.

— Own! Não fique assim... nunca se sabe, de repente você também, logo mais...

— Sim, é isso mesmo.

— Bem, ontem você parecia bem ocupada...

— Que quer dizer com isso?

— Vi você com...

Leila dá literalmente um salto em cima do sofá.

— Escute aqui! Não vamos começar a falar de bobagens, está bem? Temos assuntos muito mais sérios a tratar!

– Sim, tem razão. Amira, a sua prima está me lembrando de que a entrevistada de hoje é você!

– Entrevistada... bem, não exageremos. Vamos lá, o que é que você quer saber?

– Quero saber como foi, obviamente.

– Bem... foi maravilhoso.

– E...?

– Ele é mesmo muito meigo.

– Meigo?

– Meigo, sim. E romântico.

– Obviamente, se é meigo, não pode deixar de ser romântico...

– É verdade.

– ...

– Bem, desculpe, Jasmim, mas agora tenho mesmo de desligar. Sabe como é, Shedi chegará a qualquer momento, e eu não quero que ele me encontre pendurada no telefone.

– Mas eu...

– Depois eu ligo. Amanhã ou depois. Ok?

– Amira...

– Um beijinho; depois falamos, está bem?

– Mas...

Clic.

Leila olha para mim. Eu retribuo o olhar.

Ficamos em silêncio por uns instantes.

Eu sei que ela está pensando exatamente as mesmas coisas que eu.

E sei que também deve estar, pelo menos, tão furiosa quanto eu.

E, além disso, tão preocupada quanto eu.

Não exatamente do mesmo modo, mas ao menos em parte sim. Tenho certeza absoluta.

O gato salta para cima da minha barriga. Faço carinho nele.

Será que estou perdendo Amira?

– Anda, vamos comer mais uma mexerica, Jasmim.

Olho para ela, pensando que neste momento até uma mexerica estragada me cairia bem.

Estou triste.

Discutindo com o meu pai, pela enésima vez

– Então, minha menina, onde é que você vai?

Foi assim que começou, de maneira inofensiva.

Ou seja, o seu tom é antipático logo de cara, mas, pelo menos, não há nenhum aviso de catástrofe.

– Vou sair com os meus amigos da faculdade.
– A esta hora?

Sim, devo admitir que é tarde... São onze e quinze.

– Papá, perdi um tempão decidindo o que vestir, e além disso já tinha chegado tarde da academia. Ou seja, entre uma coisa e outra, não consegui me arrumar mais cedo.

Calma, Jasmim. Respire fundo duas ou três vezes, use uma expressão estoicamente imperturbável.

Assim ele não notará o seu nervosismo e, consequentemente, também ficará calmo e no fim você conseguirá tudo o que quiser.

Encaro-o de frente, com ar inocente.

– Jas, se você já sabia que tinha de sair, devia ter se organizado melhor. Você sabe muito bem que, se sair agora, não voltará para casa antes das três ou quatro da manhã. E eu não posso ficar acordado à sua espera.

– Não, é claro que não. Pode ir dormir.

– O que é que você está fazendo? Está tirando sarro de mim?

– Nããããoooo... estou falando sério.

– Então seja boazinha. Não saia. Já está muito tarde.

Fico imóvel. Estou soltando fogo pelas ventas. Mais pareço um dragão.

Um terrível dragão, de saia comprida e blusa roxa. Muito pitoresco.

– Papá, você não pode estar falando sério... Vão todos os meus amigos... É uma baladinha sem perigo nenhum, não se preocupe; vamos a um bar beber alguma coisa e por volta das duas já vou estar em casa. Às duas, no máximo.

– Tanto você como eu sabemos muito bem que a essa hora não vai estar em casa. Além disso, quem é que vai acompanhar você de volta?

– A Diana, papá. Mas qual é o problema? Quem me traz para casa, o lugar aonde vamos ou o fato de eu sair a esta hora?

– Tudo isso é o problema. Eu não gosto que você saia sozinha a esta hora. Nem que volte a altas horas para casa.

– Eu já não sou criança.
– Não, mas é minha filha.

Fico imóvel, incapaz de reagir. Não há resposta possível diante de uma afirmação desse tipo.

– Ok, você não quer que eu saia, papá? Então não saio. Tudo bem! Está satisfeito?

Então ele assume aquela expressão de ternura que eu conheço tão bem.
As coisas acontecem assim: ele se mostra severo, tentando me segurar em casa. Eu tenho duas possibilidades: me rebelar ou me resignar. A primeira opção implica discussões e resultado zero. A segunda conduz, estrategicamente, à vitória.

Vou para o meu quarto. Começo a contar. É apenas uma questão de segundos. Ele vai entrar e dizer que não quer que eu fique triste, que talvez tenha exagerado, blá, blá, blá.
Começo a contar os minutos: de dois passa para quatro e de quatro chega aos dez.
Passados dez minutos, a coisa já não é normal.

Finalmente, alguém bate à porta.
É ele.
Abre, olha para mim com uma expressão conciliadora e acaba comigo:

– Não fique zangada. Você sabe que o que eu faço é para o seu bem.

Fecha a porta antes de eu ter tempo de responder (embora também não soubesse que resposta dar), e me deixa petrificada, ouvindo a minha própria respiração.

É verdade, eu odeio tudo isso. Ter de ligar para os meus amigos e cancelar tudo. Ter de me sentir diferente. Ter de me adaptar. Ter de aceitar conviver com problemas que os jovens da minha idade, que vivem à minha volta, não têm.

Furiosa, envio uma mensagem a Diana.

"Didi, dancei: meu pai não me deixou sair, então vou ficar em casa. Invente uma desculpa, por favor. Falamos amanhã. Que droga!"

Não tinha passado nem dois minutos quando ela me liga. Atendo imediatamente.

– Seu pai não existe! Que aconteceu? Vai, passe o telefone para ele!

– Não, não, garanto que não adianta, ou pior, ele ia ficar chateado. Ainda é capaz de dar uma resposta do tipo "não me tratem como se eu fosse um monstro, eu só estou cumprindo o meu dever de pai".

– Tá, e então?

– Então deixe pra lá. Vá você se encontrar com a turma. A gente se vê amanhã.

– Não, querida, a gente se vê já. Estou pouco me lixando para aqueles patetas. Daqui a dez minutos estou na sua casa.

Passada meia hora (que em linguagem dianesca corresponde a dez minutos), ela realmente chega na porta de casa. Traz com ela uma mochila enorme.

– Adivinhe quem chegou para dormir?

Diz isto com um sorriso desarmante, como se não se importasse em perder a balada com a turma.
Por um triz não fico comovida.
Meu pai segura na mão um copo de chá e nos encara surpreendido, olhando primeiro para mim e depois para a Diana.

– Oh, olá, Diana.

Em seguida fixa os olhos em mim, com ar interrogativo. Do tipo: "Não me diga que vai sair agora!".

– A Diana vai dormir aqui esta noite.

Anuncio com uma expressão desafiadora.
Ele sorri.

– Ótimo. Então boa-noite, meninas!

Devo dizer, de passagem, que Diana, quando faz estas coisas, é maravilhosa. Faz com que não me pese o fato de ser diferente. Lida com estas dificuldades como pequenos imprevistos que se resolvem com um sorriso nos lábios.

Ela é demais.

Ficamos acordadas a noite toda, tirando sarro dos colegas de curso, falando do namorado dela e arquitetando um plano para matar Shedi e tirá-lo do caminho.

Então deitamos, ouvindo "Daughters" de John Mayer.
Ela começa imediatamente a ressonar.
Eu ouço a música, reprimindo as lágrimas.

É uma fase estranha,
mas eu hei de sobreviver

– Foi votar?
– Do que está falando, Leila?

Estamos sentadas no meu jardim, tomando sol. Assim, saboreando aquilo que Leila define como "cocktails", inventados e realizados por ela própria (na verdade, é apenas suco de laranja misturado com frutas batidas), observando a avenida arborizada, com o sol a penetrar por entre as folhas e a brisa que nos acaricia suavemente.
Parece que quase tudo está bem.

– Se não fosse votar seria uma idiota e, como parto do princípio que você não é, eu diria que foi...
– Eu também poderia fazer algumas observações sobre o fato de que, dado o abstencionismo tão elevado dos últimos anos, está chamando de idiota praticamente metade do país... mas vou me limitar a dizer que sim, eu votei.
– É que desta vez eu queria muito poder votar.

Meu pai conseguiu a cidadania há cinco anos. Depois de pedir, teve de esperar outros cinco anos. Eu então me tornei automaticamente italiana.

O pai de Leila também está esperando há bastante tempo, mas parece que nos últimos anos as coisas estão um pouco enroladas.

Ela me dá vontade de rir.

Acho que Leila às vezes – ou melhor, sempre –, é mais italiana do que muitas meninas que conheço, mas parece que não há maneira de ela poder votar.

Quando houve o referendo sobre a fecundação assistida, Leila sofreu terrivelmente.

Lembro que ela tentava me influenciar todos os dias: "Então, quantos sim e quantos não?". Eu, porém, já sabia como ia votar.

Tinha pena dela, porque percebia a necessidade que tinha de exprimir o seu sentido cívico, tornando-se de certo modo útil ao mundo em que vive. Era como se ela, de certo modo, tivesse necessidade de ocupar o lugar que merece.

– Então, em quem você votou?

– Ah, não me faça uma pergunta tão boba. Você sabe muito bem em quem é que eu votei.

– Bem, eu vi o que aconteceu, nós arriscamos muito. Queria tanto ter votado...

– Acredito, mas você também pode se alegrar com a vitória. Se alguma coisa mudar, como sonha, isso também vai deixar você contente.

– Sim, assim espero. Sabe, é que as coisas agora estão mesmo absurdas. Enquanto houver meninas como Jamila, que mal acabam a faculdade e precisam encontrar trabalho num prazo de seis meses na sua área de estudo, caso contrário são expulsas do país...

– Jamila, a sua vizinha?

– Sim, essa mesma. Quero dizer, ela é mais italiana do que eu, e corre o risco de ser expulsa. Que raio de justiça é esta? Você não faz ideia, ela está numa aflição, coitada!... Vai ser obrigada a se inscrever numa pós-graduação qualquer para evitar esse perigo.

– A menos que o pai dela obtenha a cidadania.

– É verdade, como o meu, aliás.

Esboço um leve sorriso, mas, na verdade, compreendo a sua frustração.

Fico calada por um instante, saboreando o meu cocktail.

A minha mãe sai para o jardim com o jornal na mão.

– Meninas, alguém quer ler isto? Se não quiserem, vou jogar fora.

– Sim, eu quero. Vou dar uma olhadinha.

Em frente da nossa casa há uma loja linda, com três vitrines, onde sempre estão expostos quadros maravilhosos.

Acho que a minha mãe já comprou pelo menos uns dois ou três.

Lindos.

A loja é linda, mas o principal é que tem um funcionário lindo.

O rapaz que ajuda o proprietário é de cair o queixo.

Alto, de olhos verdes e sorriso tímido.

Toda vez que me vê passar ele vira o rosto.

Ainda tenho de descobrir se é por nojo ou apenas por ser tímido. Já pensei em mil formas de tentar descobrir.

Acenar através da vitrine? Mas que sentido faria? E se aceno quando ele se vira, vou ficar de cara no chão!

Entrar na loja? Sim, mas para fazer o quê? Se eu entrasse e desse uma volta pela loja, fingindo-me apaixonada por pintura, ele leria nos meus olhos que isso era apenas um pretexto.

Então, como última hipótese, pensei que...

– Absurdo! A-B-S-U-R-D-O! Verdadeiramente inconcebível. Mas por quanto tempo ainda temos de continuar a viver assim?

– Assim como?

Leila me arranca dos meus pensamentos com seus berros.
Leila berra.

Aliás, que outra forma de comunicação ela conhece?

Ela é simplesmente Leila-a-que-berra.

– Assim, tendo de nos envergonhar por sermos quem somos. Maldição! Que nervoso... que nervoso... você não faz ideia de como isso me deixa nervosa!

– Que foi, Leila? Quer fazer o favor de me explicar?

– Leia isto! Por favor, leia isto!

Aponta com o dedo uma página do jornal aberto sobre os seus joelhos.

– Leia o título.
– "Egito, uma *fatwa* contra as estátuas."
– Vai, continue... e fique indignada!
– "O Grande Mufti do Egito, Ali Gomaa, máxima autoridade religiosa do país, emite uma *fatwa* contra a escultura e contra quem a pratica..."

Arregalo os olhos.

– Continue, veja a que ponto isto chegou.

– "... referindo-se a uma palavra do profeta Maomé, segundo a qual os escultores se contarão entre aqueles que sofrerão os maiores tormentos no dia do Juízo, Gomaa explica que esculpir estátuas e tê-las em casa é *haram*, proibido."*
– Chega, chega, não precisa continuar. Quero dizer, esses caras leem o Corão e o que é que eles entendem? Nada! Estudam um *hadith*, e o que é que entendem? Só o que eles querem! Aquilo que não existe! Não são capazes de interpretar, de analisar...

---

* Esta ordem religiosa, bem como a irritação causada a artistas e intelectuais egípcios, foi noticiada nos principais jornais do mundo, em março de 2006. Cf. "Fatwa contra estátuas irrita artistas egípcios". Disponível em: <http://diversao.terra.com.br/artecultura/noticias/0,,OI944085-EI3615,00-Fatwa+contra+estatuas+irrita+artistas+egipcios.html>. Acesso em: 8 set. 2014. (N.E.)

São uns ignorantes que leem como uma criança que ainda mal aprendeu a juntar as letras! Imagina? Maomé, no século VII, vê que os infiéis adoram estátuas e bane os escultores que as constroem e, no século XXI, este ignorante se acha no direito de emitir uma *fatwa* contra os escultores! Mas o que é que ele tem no lugar do cérebro?

Leila tem razão. É preciso haver alguém que se manifeste, que não nos obrigue a fazer papel de idiotas, que faça algo para que a nossa religião não pareça pior do que é na realidade, alguém que mostre que não há motivos para ser contra Maomé, para denegri-lo de todas as formas possíveis.

Alguém que impeça que pessoas como esse grande Mufti se considere representante de todo o mundo islâmico e decida em nome de todos.

– O que é que você esperava, Leila? Esse não é o primeiro líder fundamentalista nem será o último.

– Sim, mas este é o grande Mufti do Egito! Por acaso você acha que eu devo me envergonhar de ser egípcia?

– Sim, você tem razão. Por isso e por mil outros motivos. Porque o Egito ainda vive das receitas do turismo baseado apenas nas maravilhas que os nossos antepassados conseguiram realizar e nós nem de perto conseguiremos imitar; porque o Egito é governado há mais de vinte anos pela mesma pessoa e, apesar disso, nas análises mundiais está entre os países "bastante democráticos"; porque o Egito sofreu uma involução econômica e cultural, pois era muito mais moderno e emancipado nos anos 1950 do que é hoje; porque o Egito... é inútil continuar, Leila. Você sabe melhor do que eu que as coisas vão mal. Esse fundamentalismo grosseiro é apenas um dentre muitos problemas.

– Sim, mas já estou farta. Gostaria que um dia, finalmente, alguém explodisse, apelando a que se fizesse uma reforma! E que por fim alguma coisa começasse a mudar.

– Acho graça que você acredite nisso.

– Meninas!

É a minha mãe. Fez biscoitos. Ela nos chama para que sejamos suas cobaias.

O problema é que, por absurdo que pareça, ela não se dá conta de quando estão queimados. E precisa sempre de alguém que prove e depois cuspa o biscoito com uma careta; só então ela percebe que a fornada está definitivamente perdida.

É exatamente isso... estou falando sério!

Não estou brincando. Há dias que Amira não dá sinal de vida, a ponto de eu ter ligado para a casa da mãe dela, que me disse que ela tinha viajado em lua de mel. Uma semana antes do planejado.

Não sei se me sinto mais ofendida pelo fato de, há alguns dias, ela ter praticamente desligado o telefone na minha cara, deixando-me sem saber de nada sobre a noite mais importante da sua vida, ou pelo fato de ela ter viajado sem se despedir de mim, sem nem ter me avisado.

Ou pelo fato de esta menina ter servido primeiro estes babacas que obviamente chegaram depois de mim.
Ou seja, você está há horas numa fila... chegam dois bonitões e só porque você é mulher e a moça do caixa também é, pelo princípio dos opostos, ela atende primeiro a eles.
Eu não vou deixar irem embora assim, ah, mas não vou mesmo! Toco no braço de um deles. Ele se vira.

– Sim?

É ele.
Por incrível que pareça, é verdade: é ele.

– Ahh... eu...

– Ei! Você não é... a amiga da noiva?

– A amiga da Amira.

– Sim, sim, da Amira... O que você está fazendo aqui?

– Eu é que pergunto, o que você está fazendo no bar da MINHA faculdade?

– Vim encontrar com ele...

O outro, aquele a quem chamei de bonitão por generosidade, é, na realidade, um pateta com a cara típica de um filhinho de mamãe: veste uma camisa abotoada até o pescoço, perigosamente perto da jugular, óculos com aros amarelos, tem lábios muito finos e cara de poucos amigos; limita-se a me cumprimentar com um gesto, como se quisesse dizer não-me-interessa-quem-você-é-desapareça-daqui.

– Ele...

– Bem, sim, é um amigo meu, que também estuda Direito.

– Como é que você sabe que eu estudo Direito?

– Bem... você está aqui.

– Existem mais cinco cursos superiores nesta universidade.

– Ah, é? Não sabia.

– Hmmm.

Olho para ele. Não é tão bonito como eu lembrava. O smoking favorecia muito. Agora os seus cabelos, sem gel, caem desalinhados, e o seu olhar parece muito pouco inteligente, ou melhor, poderia até dizer que tem um olhar de peixe morto.

Não pode ser o mesmo cara!

A aura de charme que parecia envolvê-lo na noite do casamento de Amira desapareceu misteriosamente.

– Bem... quer comer alguma coisa com a gente?

– Não, eu... tenho encontro marcado com um professor daqui a uma hora, acho que não dá tempo...

– Dá, sim. Aqui perto tem um restaurante muito bacana que faz uns pratos deliciosos. Não vamos demorar muito.

Pronto, eu sou exatamente o tipo de pessoa que, diante desse tipo de insistência, não consegue dizer não, não acha uma desculpa para fugir do convite. Acabo sempre concordando.

Durante o caminho, ele me fala de Paulo, como se eu estivesse interessada. A mãe dele é argelina, o pai italiano, também estuda Direito, mas tem um ano a menos que eu; joga golfe, blá, blá, blá.

De vez em quando balanço a cabeça, olho para Paulo e depois fico observando o meu Mister X, tentando me lembrar porque o tinha achado tão fascinante naquele dia. Estou desesperada: não posso ter me enganado tanto assim.

Chegamos ao tal restaurante "muito bacana" e sentamos.

Paulo vai ao toalete e Mister X sorri.

– Quer dizer que era mesmo o destino.

– Desculpe, o que é que você está dizendo?

– Estávamos destinados a nos conhecer.

Pronto, agora vem com a história de que tudo está escrito, só temos de seguir o caminho escolhido para nós, em algum lugar uma estrela brilha para mim, o céu, a lua, o amor etc...

– Na verdade, eu não sei quem você é... ou melhor, sei que é primo de Shedi. Mas nem sei como se chama. Por isso, me parece um pouco estranho estar sentada almoçando com uma pessoa de quem nem sei o nome.

Enquanto ele assume uma expressão magoada, chega Mr.-Jugular-em-Perigo, ofegante, balançando o celular.

– Desculpe, pessoal, estou com um problema.
– Mas...
– Eu explico tudo mais tarde, agora tenho de ir. Sinto muito, mas não posso mesmo ficar! Falamos mais tarde.

Pega a pasta enquanto eu o encaro, como que em transe.

– Ah...

Vira-se para mim, atingido por um tardio sentimento de culpa.

– ... sim, é claro que foi um prazer conhecer você.

Depois sai, tão insignificante como quando chegou. Observo enquanto ele se afasta com o seu passo miudinho, e dou uma dentada no meu grissini com alecrim.

Bem, agora começo a achar a situação constrangedora. Muito constrangedora.

Também começo a me perguntar por que estou aqui, por que ele está comigo, mas, principalmente, como diabos é que ele se chama.

– É estranho. O Paulo nunca faz esse tipo de coisa. Deve ser mesmo uma emergência.
– Claro.
– ...
– ... ahã...
– Bem.
– Como você se chama?
– Eu?
– Você.

– Olá, já escolheram?

Um garçom baixo, de olhar irritante, nos encara com insistência; eu dou uma rápida olhada no cardápio e peço a primeira coisa que vejo; Mister X diz, "A mesma coisa para mim, obrigado", atitude que eu acho francamente insuportável.

– Parece que o destino não quer que você saiba o meu nome.

Lá vem ele outra vez com essa coisa de destino. Juro que se falar nisso de novo eu cuspo os grissinis na sua cara como uma metralhadora e depois vou embora.

— Bem, vamos fazer o seguinte. Dê uma força a esse seu bendito destino antes que chegue o meu almoço, porque eu não posso almoçar com você se não souber, pelo menos, como se chama.

— Yusef.

— Está bem. Muito prazer, Yusef.

Estende a mão, embora eu não tenha a mínima intenção de apertá-la.

Aperto, porque não posso fazer outra coisa, mas está suada e pegajosa. Exatamente o que eu esperava.

— E, então, o que é que você faz da vida, Yusef? Além de perturbar as moças nos casamentos quando estão envolvidas em situações embaraçosas, como tentar limpar o bolo caído no vestido?

— Ah, não sei... Acalmo a minha mãe, que deixa que as mães das moças envolvidas em situações embaraçosas despejem uma garrafa de bebida no vestido dela.

— Hmm... Sua vida deve ser muito empolgante.

— Às vezes.

A tagarelice dele é verdadeiramente surpreendente. Ai, que nervoso!

— Bem...

— Quer dizer, então, que você é de Alexandria?

– Sou. E você?

– Sim, minha família também veio de lá. E você costuma ir para lá de vez em quando, ou é do tipo que detesta ir a Alexandria, mas que vai todos os anos arrastada pelos pais?

– É essa a impressão que eu dou?

– Não sei, talvez.

Resposta decididamente estúpida.

– Bem, Yusef, eu não sou do tipo que blá, blá, blá, e adoro Alexandria, a marginal, a biblioteca, o povo, os mercados, Khan El Khalili, as pirâmides e – por que não? – até Sharm El Sheikh, apesar das hordas de turistas.

– Ainda bem, porque eu também adoro Alexandria, apesar de não acreditar que um dia pudesse viver lá.

– Sim, entendo o que você quer dizer. É muito diferente de Milão.

– Mas também não sei se vou conseguir continuar em Milão. Mais cedo ou mais tarde acho que vou embora.

– Mais cedo ou mais tarde todos nós iremos embora.

– Que quer dizer com isso?

– Que nós não temos uma ligação muito forte com Milão. Estamos aqui só de passagem. Nós somos "apátridas", somos pessoas que não se sentem em casa em lugar nenhum. Nós sempre incomodamos um pouco.

– Ninguém nos obriga a ser assim. Podemos escolher.

– Então por que é que você vai embora de Milão?

– Porque me parece uma senhora com um casaco de pele...
– Casaco de pele?!
– Isso mesmo. Parece elegante, rica, mas provoca tristeza.

Talvez ele tenha razão. Talvez o Olhar-de-Peixe-Morto tenha dito uma coisa sensata.

Ficamos calados por uns instantes. Talvez pensando.

Estou envolvida em algum raciocínio estranho, que nem eu mesma consigo concatenar, quando volta o garçom baixo e de olhar irritante trazendo o nosso pedido.

Começo a comer, até porque estou morrendo de fome, quando percebo que ele está me encarando.

– O que está olhando?
– Estava me perguntando se você é mesmo como a pintam.
– E como é que me pintam?
– Como uma menina dura.
– Dura?
– Hum-hum.
– Bem...
– Você já teve algum namorado, Jasmim?
– Como assim? Por que está me fazendo todas essas perguntas?
– Isso incomoda você?
– Responda.
– Porque acho uma ótima maneira de tentar conhecer uma pessoa. Fazendo perguntas, quero dizer.
– E quem disse que eu gosto de ouvir você?

– Eu acho que gosta.

– Ah, é? E como é que pode estar tão certo disso?

– Olhe, Jasmim, todos nós precisamos de alguém. E todos nós precisamos sentir que alguém se interessa em saber como estamos, se nos sentimos sozinhos, o que é que temos aqui dentro.

Fico calada, olhando para ele.

Absurdo. Daqui a pouco ele é capaz de se levantar e escrever na mesa com o molho do espaguete: "Amo você, Jasmim". É de uma vulgaridade absurda. É patético. É ridículo.

– Eu faço perguntas porque quero entender quem você é e como você é. Não me parece que haja algum mal nisto. Nem me parece que você queira recusar.

Mas quem ele pensa que é, um missionário? Será que ele pensa que está fazendo uma boa ação? Corrijo o que disse: é muito mais que ridículo.

– Lamento contradizer você, Yusef, mas essa sua... virtude, se podemos chamar assim, não é necessariamente agradável. Você corre o risco de ser invasivo.

– Você me acha invasivo?

– Cáspite! Será que pode me explicar por que é que sempre responde uma pergunta com outra pergunta?

– E você, Jasmim, diga a verdade. Por que é tão agressiva?

– Porque odeio as pessoas que pretendem saber tudo sobre mim.

— Sim, talvez tenha razão, você é um enigma. Mas os enigmas também se resolvem.

— E, você, por que é sempre tão atrevido?

— Só sou quando alguma coisa me interessa. Acho que é uma forma de dar a entender isso.

— E põe essa paixão em tudo aquilo que quer?

— Sim, é verdade. Mas você também faz isso, eu acho. Por exemplo, quais são as coisas que mexem com a suas emoções?

— As lutas.

— As lutas?

— Sim, não importa o motivo. O importante é combater. Dá aquela adrenalina, aquela tensão... dá força e faz a gente se sentir viva.

— Que mais faz você se sentir viva?

— Chorar.

— Chorar?

— Sim. Você também chora?

— Pouco. Quando não tem ninguém olhando.

— Tem razão. Chorar é uma coisa íntima.

— Gosta de chuva?

— Não. Odeio chuva. E você?

— Adoro. Recarrega minhas baterias. Dá a sensação de um grande caos, de uma grande desordem. Dá vontade de ser impulsivo, de fazer loucuras.

— Para você, o que é uma loucura?

— Desejar.

— Desejar?

— Sim.

— E por quê?

— Porque é aquilo que desejamos que nos destrói.

— O que é que já destruiu você?

— Isso não vou dizer.

— Não é justo.

— Qual é a sua loucura?

— A minha loucura?

— Isso mesmo.

— Não existe. Toda a minha vida é uma loucura. Não sei quem sou, para onde vou... não sei por que sou assim tão diferente.

— Diferente?

— Diferente.

— Desculpe, diferente de quê? De quem?

— De tudo. De todos. Olhe para mim. Olhe para esta mesa. Olhe para aquele garçom horrível. Olhe para aquele casal, aquele ali ao fundo. Olhe para aquela vitrine. Para este garfo. Para aquela criança ali adiante. Não pareço incrivelmente diferente?

— Para melhor ou para pior?

— Diferente. Apenas diferente.

— Talvez você seja apenas um pouco louca. E por isso você tem a impressão de ser diferente.

— Yusef... Enquanto estou sentada nesta cadeira, enquanto como este espaguete, enquanto estou aqui, com você, dentro de mim estou em guerra. Dentro de mim rola um combate. E é um turbilhão, um furacão de neurônios, de células e de coração enlouquecidos. Mas do lado de fora, aqui fora... desta cadeira, deste espaguete... está tudo tranquilo. Você não sente? Não percebe como eu sou diferente?

– Que quer dizer com isso?

– Você não vê? Não vê como eu sou incompleta?

– Eu acho que você é apenas *você*... e pronto.

Ficamos nos olhando, como se quiséssemos dizer alguma coisa. Como se sentíssemos a amargura de que este momento, de que estas perguntas tenham acabado. E que a vida, necessariamente, tenha de continuar.

– Talvez...

– Não diga nada.

Ele parece não entender. Depois sorri e pega o garfo.

Recomeçamos a comer.

Depois pedimos o café.

– Como querem?

– Pingado, por favor.

Respondemos juntos.

Desatamos a rir, como dois idiotas. Depois eu peço açúcar mascavo. Ele não consegue parar de rir.

– Que foi? – pergunto eu.

Descubro que ele também costuma tomar o café com açúcar mascavo.

– Sabe que eu, além de costumar acalmar as mães nos casamentos, também sou engenheiro?

– Ah, eu bem que imaginei.

– Tive sorte. Eu me formei há um ano e já encontrei trabalho. É verdade que não ganho o que gostaria, mas para começar até que o salário não é ruim.

– É... Considere-se feliz por estar trabalhando. Não é assim tão fácil, nem mesmo para quem tem diploma.

– E você, quer ser advogada?

– Sim, gostaria de ser. Penso nisso desde pequena. Digamos que sou uma grande tagarela e que tenho necessidade de meter o nariz em toda parte, de me intrometer em todas as conversas, de tomar partido.

– Fala como se isso fosse um defeito.

– Não, não. Quer dizer, não acho que seja algo negativo. Meu pai, porém, diz que eu às vezes sou um pouco exagerada.

– É preferível ficar por cima do que por baixo, né?

Não sei bem se aquilo foi uma piada. Por isso fico calada, e assumo uma expressão que tanto poderia parecer uma careta como um sorriso; estou preparada para o que der e vier.

– Bem, Yusef. Foi um prazer almoçar com você. Mas agora tenho mesmo de ir embora. Sabe como é, o encontro com o professor.

– Uma prova?

– Não... tenho de falar com ele. Por causa do trabalho de conclusão de curso, sabe?

– Ah, está bem.

Fica olhando para mim enquanto eu ponho a bolsa a tiracolo e ajeito o cabelo. Já sei o que ele quer.
Eu sei o que você quer, meu lindo. Já estou à espera do que virá a seguir.

– Jasmim...

Podemos nos encontrar de novo? Pode me dar seu telefone?

– Não diga a Shedi que nos encontramos.

Incrível. Estou passada. Não me passou pela cabeça que ele pudesse me pedir isso. Fico calada por um instante, sem saber o que dizer.

– Ah... sim... claro, pode ficar sossegado. Eles estão em lua de mel, mas, de qualquer maneira, eu nunca o vejo. E mesmo que o visse, não ia falar disto.

Sorri com uma expressão amável.
É mesmo surpreendente.

– Então, tchau.

Não acredito. Então ele acaba comigo dessa forma?
Fico pasma, mas não dou a entender, respondo com um gesto da mão e saio às pressas do restaurante.

No caminho de volta para a faculdade começo a falar comigo mesma, incrédula.

— Olhe só para isto... esse psicopata... absurdo... não acredito...

Por essa eu não esperava. Pensei que ele ia me pedir o número do celular, ou, pelo menos, que tentaria marcar um novo encontro.

Acho que o melhor a fazer é esquecer este almoço. E não falar dele a ninguém.

Sim, não vou contar nem mesmo para minha mãe, porque se contasse, ela ia dar uma importância enorme à coisa e talvez até falasse com a mãe de Shedi ou contratasse um detetive particular para saber tudo o que pudesse saber sobre ele, e descobrir se ele pode vir a ser um bom partido para mim...

Ora, eu deveria dizer que estou pouco ligando para tudo isso, que não fiquei de modo algum frustrada, mas isso não é verdade. Aquela conversa, em alguns momentos tão íntima, tão constrangedora, me revelou um homem que não se envergonha de se mostrar meigo e sensível.

Ultrapassando todo o falso machismo.

Ultrapassando toda a estúpida impressão idealizada, estupidamente registrada numa triste festa de casamento.

Como dizem...
os melhores planos são também
os mais simples

Por isso vou seguir as sugestões de Leila. Ela olhou para mim com os seus olhos profundos e imperscrutáveis, assustadoramente decididos, e me animou, dizendo:

– Vá e não faça besteira.

Está convencida que essa desculpa é tão óbvia e tão banal que ele vai pensar que eu não posso ser tão estúpida a ponto de inventá-la com segundas intenções. E assim achará que estou ali exatamente por esse motivo: para comprar uma insignificante moldura de vidro para pendurar a maior obra jamais realizada na minha família.

Um quebra-cabeça de mil e quinhentas peças.

Dito assim, parece um verdadeiro disparate. Mas o tema é muito mais refinado: os noventa e nove nomes.

Aqueles nomes que nenhum muçulmano pode ignorar, aqueles que resumem de forma eficaz a mensagem, a única mensagem, a mensagem que *Ele* quer nos transmitir lá do alto dos céus.

Querem que dê alguns exemplos?

Aquele que não julga, Aquele que não tem preconceitos, Aquele que é o melhor de todos, Aquele que prefere as mulheres por serem belas, Aquele que está farto de Bin Laden e de outros da mesma laia, Aquele que sabe verdadeiramente por que o vinho de tâmaras arruinaria os homens, e por isso não se zanguem com Maomé por ele ter proibido, Aquele que um dia abrirá os olhos de todos, Aquele que nunca pensou que a música e o teatro fossem indecentes e pecaminosos, não compreendendo por que os talibãs inventaram isso, Aquele…

Não é preciso muito para entender que todos estes nomes poderiam ser os noventa e nove nomes de Alá.

Não cabem iconografias nem representações. Você pode imaginar Deus como ele é, basta ter uma ideia dele.

Os noventa e nove nomes o representam, e você entende como ele é, ele se projeta diante de você de uma forma inconfundível.

Ele é o Misericordioso.

É Aquele que perdoa

O Justo

O Generoso

O Amoroso

Aquele que dá a vida

Aquele que dá a morte

Aquele que existe por si mesmo e pelo qual tudo existe

Aquele que encontra tudo o que quer

Aquele que acolhe o arrependimento

O Dulcíssimo (este é o nome que eu prefiro)
A Luz
O Bem-amado, que nos guia pelo caminho certo

E depois, sobretudo,

A Paz.

Os noventa e nove nomes são como os infinitos riachos que o curso da vida seguirá, sem que nós o saibamos, mas de um modo tão obrigatório e necessário que se torna extraordinariamente natural.

São os sentimentos, um de cada vez, que deslizam lentamente, de forma discreta, e depois todos juntos, arrastando-se alternadamente, que tornam Deus verdadeiramente único. De um modo que não se pode explicar, mas apenas viver.

São um presságio, um sinal do caráter prosaico deste lugar, um presságio de quando entenderemos que aqui havia o nada; e, além, toda a Luz imensa que nós procurávamos.

Está bem, mas...
e agora?

Preciso saber que tipo de desculpa devo inventar. Mas agora... já é tarde demais.

Estou dentro desta claustrofóbica pseudopinacoteca com cheiro de coisa velha, profunda, obscura e infinita.

Estranho, porque normalmente a luz tem um cheiro mais claro, leve e limpo, mas aqui, infelizmente, há um cheiro de mofo, o que é constrangedor.

Circulo pelos corredores estreitos, prelúdios irritantes do temível balcão central onde ELE está.

Circulo e olho, olho e circulo, finjo penetrar nos segredos profundos dos quadros que, na realidade, dentro da minha cabeça, se amontoam de forma indistinta.

Respiro fundo, uma, duas, três vezes, depois mais duas e finalmente uma última.

Vejo deslizar rapidamente a meu lado uma figura esguia. Enfio-me entre dois quadros e abaixo a cabeça, fingindo estar absorvida na contemplação.

Olho de soslaio com muito cuidado, espiando o autor do movimento.

É mesmo ele.

Mais alto do que me parecia através da vitrine, e também mais magro.

Com os cabelos claros e de aparência macia que eu já tinha visto, e aqueles escandalosos olhos verdes.

Bem, este é o nosso homem, como diria Leila.

Fico imóvel nesta posição durante vários minutos.

Não sei, talvez esteja à espera de que ele não me veja, talvez pensando se conseguirei sair de forma indolor desta situação, ou talvez esteja apenas fazendo papel de idiota, não sei, mas não consigo me afastar dos dois quadros; estou tão quieta que tenho o olhar perdido no vazio, como se estivesse petrificada pelo disparate que me preparo para fazer.

É uma situação digna de um filme.

É mesmo uma cena de filme.

– Posso ajudar?

Eis o momento exato em que mergulho, ou literalmente me afundo, literalmente morro na escuridão abissal do constrangimento, no buraco escuro de dois quadros nunca vistos.

Quando ergo o olhar, já sei que é ele.

Contudo, eu me dou ao luxo de fingir que não é, pelo menos enquanto os meus olhos não se fixarem nos seus.

Porém, é inevitável: depois de ter tentado adiar o máximo possível, aquele momento chega ao fim.

E dou de cara com aqueles olhos verdes colados aos meus. E os meus aos dele.

Ou qualquer coisa assim.

A luz treme nos meus olhos. Sei disso porque os sinto brilhantes e inseguros.

Desloco o peso do corpo de um pé para o outro e depois dou uma tossidinha discreta.

Isso, coragem Jasmim. Finja que está calma.

– Olá... bom-dia.
– Bom-dia.

Vejo o rosto do rapaz assumir uma expressão de surpresa. Realmente, saiu de minha boca algo estúpido. Muito estúpido.

Contudo, ele respondeu num tom suave, muito cordial, muito simpático.

Muito bem, Jasmim, mais um passinho.
Em frente.

– Queria saber...

Falo, encarando-o com um ar muito sério, como se fosse tratar de uma questão muito delicada.

– ... se vocês têm aqui molduras... mold... sim, quero dizer... daquelas para emoldurar.

O rapaz ri, passando a mão pelo cabelo. Neste ponto devo mencionar que este seu gesto é tremendamente sexy. Quase irresistível. Muito próximo de algo divino.

– Bem, queria saber quais as utilizações alternativas das molduras. Existem molduras para emoldurar e molduras para fazer outra coisa? E qual é a diferença entre umas e outras?

– Bem, como é óbvio, as primeiras são comuns e tradicionais, e aqui deve haver dessas, certamente.

Olho para ele com ironia, tento passar a mão no cabelo também, quase esperando que este gesto provoque nele o mesmo efeito que há pouco provocou em mim.

– As outras, pelo contrário, são fluorescentes, têm forma de trapézio ou de espiral e dimensões de uma variedade infinita?

– Hmmm... acho que dessas não temos. Mas providenciaremos, tentaremos arranjar algumas. Somos uma loja muito respeitável, não podemos deixar de atender nossos clientes.

Faço que sim com a cabeça, com uma expressão satisfeita.

– Eu não duvido...

Não sei por que, mas estas últimas palavras saíram da minha boca quase que com timidez. Como se estivéssemos falando de alguma coisa muito íntima e pessoal.

E, com efeito, quase de modo involuntário, começamos a nos tratar por "você".

Fica calado por um instante, fitando as mãos de dedos entrelaçados, num gesto inconsciente ou talvez até muito conhecido, de embaraço.

– Então... de que tamanho você quer a sua moldura?
– Bem... acho que seria bom dois metros por um.
– Você não mediu o quadro?
– É que... na verdade, não é um quadro.

Encara-me com ar interrogativo.

– Por favor, não ria.

Obtenho justamente o efeito contrário. Sorri, como se esperasse ouvir alguma coisa muito divertida.
Vamos, Jasmim. Mantenha-se tranquila. Neutra e pacífica.

– É um quebra-cabeça.
– Um quebra-cabeça?
– Sim. Um daqueles que...
– Não, tudo bem, eu sei o que é um quebra-cabeça.

Rio nervosamente. Meu Deus, me ajuda. Estou fazendo papel de idiota.
Entra em mim, toma posse deste cérebro, dá-me loquacidade, inteligência, torna-me brilhante e atraente. Salva-me deste momento. Faz com que ele me ache irresistível e pense "Ela é uma mulher fantástica!", e me peça para sair com ele, e eu, com um gesto negligente e seguro de mim, responda: "Bem... vou pensar nisso", afastando o cabelo dos ombros e dirigindo-lhe um sorriso publicitário irresistível.

Faz com que todos, nesta loja, se voltem para mim, como que ofuscados pela aura resplandecente que eu emano, e me achem maravilhosa, não vendo, pelo contrário, o papel de boba que estou fazendo, que não me vejam assim, usando uma calça jeans velha, com o cabelo precisando de uma bela escova e um olhar idiota.

Faz com que este momento acabe o mais depressa possível ou, melhor ainda, nunca acabe, e que ele fique imóvel para sempre nesta posição, sem poder voltar a pensar nas asneiras que eu disse e sem poder, portanto, perceber como eu sou lesada.

Faz com que eu possa voltar atrás no tempo e não dar ouvidos à louca da Leila, que sempre manda os outros para o martírio, enquanto ela é a primeira a não seguir as próprias sugestões; voltar atrás no tempo e desatar a rir na cara da Leila, que me diz que os planos mais simples são sempre os melhores; desatar a rir na cara dela e pensar numa desculpa melhor, dar uma arrumada no cabelo e voltar aqui, desta vez sem fazer este enorme, colossal e inqualificável papel constrangedor de boba.

– Então... Eu preciso de uma moldura onde possa colocar essa porcaria de quebra-cabeça... de mil e quinhentas peças.
– Para um quebra-cabeça? Já entendi qual é o tipo. Venha comigo.

Vira-se e dirige-se com passo seguro até o balcão, enfiando-se em seguida por uma porta adentro. Eu fico à espera dele: olho à minha volta e respiro fundo várias vezes, esperando que ninguém note. Aliás, a única cliente parece ser uma senhora de meia-idade com um enorme chapéu azul, uma espécie de saiote cinzento que devia estar na moda no pós-guerra e botas forradas de pele. Circula entre os quadros com ar sonhador, tocando as telas com seus dedos finos e enrugados, acariciando as cores e avaliando pelo tato a consistência da têmpera. À esquerda, pelo contrário, um homem dos seus trinta anos, com pouco cabelo, fala animadamente com um senhor idoso, acho que é o dono da loja – o senhor idoso, quero dizer – e parece muito profissional; não sei explicar exatamente o porquê, mas é isso que me dá a entender. Responde em tom pacato ao jovem que, muito agitado, desenha no ar estranhos arabescos e improvisa gestos bruscos, quase ameaçadores. Eu continuo a respirar fundo.

E à agitação segue-se um impulso, ao impulso segue-se a calma.

Aquela calma serena e tranquila que me faz sentir como se estivesse em casa.

De repente, naquela loja tão estranha e caótica sinto que tudo está no seu lugar.

Agora volta para junto de mim o rapaz dos meus sonhos, e eu entro de novo na minha modesta, mas tranquilizante segurança a que se juntam aqueles toques de confiança e de atrevimento que eu sei que tenho.

Depois, tudo ficará no seu lugar. Eu sei, e não são as loucuras da Leila que me fazem sentir assim, mas...

– Então...

O rapaz fala em tom condescendente, traz na mão duas caixas de papelão, abre-as e retira delas duas molduras; olho para elas, talvez em transe, não sei. De fato, não consigo distingui-las, não consigo entender qual delas prefiro, uma ou outra, que diferença faz?

Sei que, na realidade, não faz diferença nenhuma, por isso, enquanto ele fala, eu sigo escrupulosamente o movimento dos seus lábios, silencio as paredes do meu cérebro e sigo com os olhos o movimento metódico e inconsciente dos lábios que proferem palavras, e as palavras que abrem caminhos que eu percorro mesmo sem os conhecer e sem me preocupar.

– Então, que me diz?
– Levo as duas.

Percebo que era a única coisa que eu podia dizer, e não paro de observá-lo enquanto ele volta a colocar as molduras nas caixas e pega uma grande sacola azul; azul escuro.

– É bonita, essa sacola.

Eu sei, eu sei que consegui me mostrar ainda mais estúpida. Não era minha intenção piorar a situação, mas escapou.

– Eu também sempre a achei bonita. Há um tempo o patrão quis mudá-la para vermelho, mas eu gosto dela assim.

Jasmim, feche essa boca. Limpe a baba.
Não consigo, não consigo desviar os olhos dele. E ele deve pensar que eu sou uma idiota.
E que babo só de olhar para ele.

– Bem, então... – Estende-me a sacola, eu pego e percebo que é pesada. Ele nota isso.

– Precisa de ajuda para levar até o carro?

Eis a minha deixa. Era precisamente a pergunta que eu esperava. Agora tiro da manga o meu curinga.

– Não precisa; eu moro logo ali, do outro lado da rua.

Ele fica calado por um instante, acho; tenho a vaga impressão de que ele fica imóvel. Como quem metaboliza a informação recebida.

Sinto-me tentada a acrescentar: "Olha, é aquela casa ali, aquela com as gardênias e as violetas na varanda, sim, aquela mesma, com a fachada de tijolinhos à vista...". Depois percebo que desse modo talvez revele o meu segundo objetivo, além de fazer o já bem conhecido papel de idiota.

Por isso, fico calada. Ele me olha, porém; está em dificuldade. Decido salvá-lo.

– Bem, acho que consigo atravessar a rua, até porque estão todos à minha espera com o quebra-cabeça pronto. Não posso deixá-los esperando, sabe como é.

Não sei como é que falei isso. Realmente, ele parece um pouco admirado; depois, porém, esboça um sorrisinho. Eu gostaria que esse sorriso nunca deixasse de iluminar o rosto dele.

Viro-me, para não denunciar os meus sentimentos diante dele, e resmungando qualquer coisa do tipo "Até a próxima". Avanço com passos apressados e, em meu entender, muito desajeitados, por entre os quadros empilhados por toda a parte, até chegar à porta.

– Ei!

Viro-me, surpresa. Sou capaz de me denunciar, eu já tinha avisado.

Ele se aproxima.

Não, não, não, não, não!

– Você não pode ir embora...

Até parecia que eu tinha esquecido alguma coisa.

– ... sem me dizer o seu nome, não é verdade?

Pronto, agora eu me entrego.

Olho à minha volta por um momento, tentando entender, nesse instante suspenso no tempo, se Miss Chapéu Azul, o dono e o rapaz de trinta anos quase careca estão olhando para nós, mas cada um deles está ocupado na mesma atividade inútil de antes; estamos sozinhos, eu e este rapaz magnífico que olha para mim, esperando, a sacola pesando em meus dedos já quase lívidos, um tremor imperceptível que sobe e desce pelas minhas pobres pernas dormentes. Diga, com um sorriso bonito, sem criar problemas. Diga com segurança e simpatia. Diga olhando nos olhos dele. Ou então, olhando para a ponta dos sapatos, parecendo assim uma adorável menina tímida. Ou ainda, diga enquanto se vira para a porta, dando a impressão de que é uma mulher comprometida.

Ou finalmente, e também, diga com sinceridade, sem esconder o medo que oprime o seu peito e que você tentou estupidamente disfarçar com comentários tão dementes que nunca passaria pela sua cabeça ser capaz de fazer.

Sim. Diga assim.

– Eu também não sei como você se chama.

Eu tinha certeza de que não ia conseguir. Raios me partam, sou uma zebra. Uma covarde.

Uma porcaria de uma zebra covarde. E agora estou fazendo esse joguinho bobo, uma brincadeira própria de zebras covardes, não é possível.

– Também posso dizer.
– Então diga.
– Não teria problema nenhum em ser eu o primeiro a dizer. Desde que depois você dissesse o seu, certo?
– Certo.

É surreal. Mas agradável.

– Mas prefiro saber o seu nome, antes de dizer o meu.

Aonde é que você quer chegar, mocinho? Vamos lá, é muito simples. Primeiro você diz o seu.

Chegamos a uma situação embaraçosa. Sinto-me forçada a dizer primeiro, não posso continuar a adiar este momento ainda mais, pois sei que cairia, de forma inexorável, na poça lamacenta do mal-estar. Horrível.

– Bem...

– Tomás, pode vir aqui? A senhora precisa de ajuda.

Não consigo conter o riso. Ele faz uma cara contrita. Tenta esboçar um sorriso, mas eu sei muito bem que ele está zangado porque perdeu.

– Bem, agora tenho de ir. Até logo.

Viro-me sem dar tempo de ele reagir, abro a porta e atravesso a rua praticamente sem olhar, ou seja, de modo que poderia facilmente ter sido atropelada por um caminhão, mas pouco importa: estou feliz, estou incrédula, estou radiante, estou grata, não sei a quem, e Leila não tem nada a ver com isso; estou apenas grata ao mundo por um dia tão bonito, tão feliz, por ter falado com ele – ele tem um nome lindo e eu estou carregando duas molduras inúteis numa sacola azul.

Odeio e amo
Quare id faciam, fortasse requiris

Leila, obviamente, afirma que eu estraguei tudo.
No fim, naturalmente.

— Você devia ter dito, pelo amor de Deus! Ou seja, você já estava quase na porta e ele chamou para perguntar o seu nome, e você deu uma de metida! Acha normal?
— Ainda não era o momento — foi o meu comentário lacônico.

Seguido, é óbvio, de uma reação excitada e agressiva, do tipo será-que-tenho-de-ensinar-tudo, mas-que-coisa, como-pode, você estragou tudo, agora volta lá e diz que as molduras não deram certo etc.
Eu a deixei falar e, quanto mais ela falava, mais eu me dava conta de que tinha feito o melhor.
Tranquilizava-me o fato de constatar que ela discordava de mim, o que me dava a incompreensível sensação de que eu tinha razão.

Assim passei a tarde pensando nele e fingindo ler qualquer coisa, com um sorriso pateta que não conseguia disfarçar.

Está calor, o verão logo chega, Amira está em lua de mel.

O semestre ainda não acabou, tenho duas provas pela frente e não sei o que vou fazer nas férias.

Sinto-me angustiada pelo tédio. Tenho a sensação de que os dias são capazes de se arrastar um após o outro, roubando o meu tempo e a vontade de agir.

Leila vem a minha casa todos os dias. A tal ponto que minha mãe propôs a ela que fizesse a mala e se mudasse para cá durante uma ou duas semanas, "assim não precisa ficar andando de lá para cá", concluiu ela.

Eu senti um ódio de morte. Apalpei a minha pistola lilás. Estava no fundo do meu bolso, na mesma posição, desde o dia do casamento de Amira. Senti a sua consistência, preparando-me para empunhá-la.

Acabo com as duas, pensei comigo mesma.

Depois Leila confessou, com ar cândido, que já tinha pensado nisso, mas que fica com pena da mãe dela. O dia inteiro sozinha em casa, o pai no trabalho, blá, blá, blá, é melhor não, talvez daqui um tempo.

Então os meus dedos descontraem-se à volta da pistola, desistindo das vítimas.

Leila continua a resmungar que eu nunca devia ter tratado ele assim.

Posso estar enganada, mas tenho a impressão de que, na realidade, ela até admira a minha cara de pau e que justamente por isso está tão chateada.

Acho que, no meu lugar, ela teria se desmanchado em mil pedaços. Exatamente como estava quase acontecendo comigo, posso dizer que quase senti pedaços de minha pele se dissolvendo, atingidos pela onda de calor do meu corpo, e que isso teria realmente acontecido se eu não tivesse saído dali correndo.

– Jaaaas?

Recomponho-me, tentando sair da sonolência em que tinha caído, e a encaro.

– Toc, toc? Quer fazer o favor de prestar atenção?

Observo-a com indolência, enquanto ela pinta as unhas.

– Queria saber o que você acha disso.
– Bem... é uma coisa muito complicada e muito séria.

Obviamente, não faço a menor ideia do que ela está dizendo. Acho que ela também percebeu isso.

– Mas do que você está falando?
– Hmmm... isto é, eu só acho. Não tenho certeza.
– Olha só, tente por um instante parar de pensar no seu amor dos quadros e me escute. A minha mãe afirma que não pode. Que isso não se concilia com a oração. Toda vez que eu faço a mão, ela logo me pergunta: "Leila, você está menstruada?".

"Não, mamã." "Então, por que pintou as unhas?" "Sei lá, vai ver que é porque acho... bonito..." Ela então acha que estou tirando sarro dela e fica brava. Mas eu, na verdade, não entendo... Ou seja, você acha mesmo que a oração tem mais ou menos valor se a mulher está ou não de esmalte?

Eu sei lá?! Não dou a mínima para isso.

– Não sei, Leila.

Saio do e-mail e abro o Google.

– Explique-se, querida. Quero dizer, você também usa esmalte, não?

Bato os dedos nas teclas e digito o nome tão odiado: "Oriana Fallaci". Clico "Pesquisa Google".

– De vez em quando...

Não, resultados demais. Vejamos. Vamos refinar um pouco a busca.

– Pode-se saber por que é que nem sequer tenta me responder?
– Estou procurando a entrevista daquela louca da Oriana Falacci...
– Aquela que saiu no *The New Yorker*?... Eu quero é saber do esmalte, podemos usar ou não? O xeique, na televisão, disse que não, como era de esperar, mas ele é homem, no fundo o que é que ele sabe disso?...

Hmmm. Digito "The New Yorker". E encontro aquilo que procuro.

– Jasmim, por que é que você não desliga a porcaria desse computador e olha para mim?

Viro-me para ela.

– Olha só, Leila. Estou quase perdendo a paciência. Quer saber o que eu acho? Acho que isso, na verdade, é uma babaquice. Que há problemas muito mais sérios. Que nós, como muçulmanas, temos problemas muito maiores. E que se você quer usar essa porcaria de esmalte, use e pronto, pelo amor de Deus.

Empina o nariz. Já sei o que isso quer dizer.
Dito e feito, depois de um instante sai do quarto, resmungando, por entre dentes, que vai fazer um chá.
Está muito quente para tomar chá, penso eu.
Volta com uma Virgem Colada, claro. Depois de uns quinze minutos, tempo que levei para achar o que queria.
Pergunta o que é que falou a tal Oriana Fallaci. Ela é mesmo assim.
Respondo literalmente:

– É que na tal entrevista que deu para o *The New Yorker* ela afirmou que se construíssem a mesquita em Colle Val d'Elsa, ela a explodiria.*

---

* Oriana Fallaci foi uma escritora, jornalista e ativista italiana. A citada entrevista foi concedida a Margaret Talbot, em maio de 2006, e pode ser lida

– Para isso ela precisaria de explosivos.

– Disse que seus amigos de Carrara forneceriam.

– Amigos dela?

– Sim. São anarquistas.

Faz uma careta, dizendo:

– Acho que os anarcas não devem ter ficado muito contentes.

– É... também acho, Leila... Até publicaram uma nota sobre a declaração dela...**

A verdade é que os jornais deram um enorme destaque a essas declarações polêmicas, que, se em vez de terem sido dadas pela grande Oriana Fallaci, tivessem sido feitas por um fulano qualquer, a essa altura ele seria alvo de uma simples denúncia por embriaguez.

– Eles foram envolvidos no assunto.

– Claro que sim.

– Mas, então, o que é que ela disse mesmo?

– Já falei, ela deu uma entrevista para o *The New Yorker*... ainda não a li toda.

– Esquece, vai acabar tendo um ataque inútil de fúria.

(em inglês) no site do semanário *The New Yorker*: <http://www.newyorker.com/magazine/2006/06/05/the-agitator>; sua repercussão está disponível (em italiano) no site do jornal *Corriere della Sera*: <http://www.corriere.it/Primo_Piano/Cronache/2006/05_Maggio/30/fallaci.shtml>. (N.E.)

** Disponível (em italiano) em: <http://federazioneanarchica.org/archivio/20060530cdc.html>. (N.E.)

Ela tem razão. Mas, como sempre, não consigo resistir.

É como uma volúpia digna do grande poeta Gabriele d'Annunzio, aquela espécie de masoquismo que parte inconscientemente das profundezas do nosso ser, uma volúpia de morte, como ele chamava.

A primeira coisa que li me fez chorar.

Aquela porcaria de artigo no jornal mais lido da Itália, eu me lembro bem dele.

"Os muçulmanos blá, blá, blá...
Berrando e lançando perdigotos, o senhor Arafat..."

E depois lembro muito bem que foi Amira que me recomendou comprar o *Corriere*...

"vocês não querem entender que o que está acontecendo aqui é uma guerra religiosa..."

... e eu tinha me perguntado o que poderia haver de tão importante, "de importante não", Amira me corrigiu, "mas de feio, de muito feio"...

"E em vez dos sinos, deparamo-nos com os muezim; em vez das minissaias, deparamo-nos com o xador; em vez da aguardente, com o leite de camela..."

... naquele momento eu não tinha entendido, tinha saído de casa, a brisa me acariciava enquanto eu pedalava veloz, estava achando o dia lindo, se não fosse aquele leve sentimento de angústia, associado ao presságio de alguma coisa desagradável...

"se quer mesmo saber, acho muito aborrecido falar de duas culturas: colocá-las no mesmo nível, como se fossem duas realidades paralelas, de igual peso e medida..."

... eu o tinha comprado e uma rápida olhada na capa havia me feito entender de imediato que A Grande tinha voltado. Embora eu ainda não soubesse que tal adjetivo, pelo menos para mim, iria logo perder o significado.

"Como podemos admiti-la, com a proibição das bebidas alcoólicas e a pena de morte para quem as bebe?"

... era longo, longuíssimo, mas eu o devorei. E lentamente, sem que eu sequer percebesse, as lágrimas começaram a cair...

"Se são tão patetas que se casam com um ordinário que quer ter quatro mulheres, pior para elas..."

... é difícil explicar, mas isso é mais do que nos sentirmos ofendidos ou insultados. É como sermos atingidos no mais profundo de nós mesmos, como sermos pisoteados...

"as manchas amarelas de urina que profanavam os mármores do Batistério: (Por Deus! Que boa mira têm esses filhos de Alá)"

... uma verdadeira forma de humilhação. Acho que não exagero quando digo que, com as suas palavras, ela estava atingindo o orgulho e a dignidade dos milhões de muçulmanos do mundo, que vivem de forma complicada as próprias desavenças e conflitos interiores, tentando, ao mesmo tempo, fazer parte de outros grupos, fazendo de tudo para serem compreendidos...

"Se são realmente tão pobres, quem é que lhes dá dinheiro para a viagem no navio ou no bote que os traz para a Itália?"

... pintava-nos como bestas, como seres imundos, cultural e humanamente inferiores... o retrato que fazia de nós era zombeteiro e grotesco, ao longo das páginas eu via que era uma deformação, mas de um modo estranho eu também percebia que essa aberração, este monstro disforme, não era igualmente evidente aos olhos dos outros...

"Os sinos da igreja de Santa Maria del Fiore, que o vozerio grosseiro do muezim sufocava"

... e depois, com crueldade, gozava dos homens e das crianças que levam uma vida de privação e se enfiam num bote de borracha para escapar da miséria, comentário que fazia deixar de lado a questão pessoal entre mim e ela para se tornar uma horrível e sórdida chacota.
Ironia fácil. Ironia fácil demais, Oriana. Falar dos marginalizados e dos rejeitados é muito fácil.

A situação era esta. Eu antes a adorava.
E era isso que me destruía. Jornalisticamente falando, não havia nada a dizer.

Eu tinha devorado com um misto de voracidade e de enorme admiração o seu livro sobre o Vietnã, *Nada e assim seja*, e tinha sentido igual admiração ao ler *Carta a uma criança nunca nascida*, talvez o seu livro mais famoso.

Eu dizia para mim mesma, "ei, há uma honestidade desavergonhada na sua maneira de escrever, a ponto de quase pensarmos que é verdade". "Esta mulher é incrível." Era isso que eu dizia.

Eu chorava enquanto lia *A raiva e o orgulho*, justamente por isso, por uma questão de raiva e de orgulho.

De raiva, ao ver que todos os esforços dos muçulmanos "normais" e moderados, como eu, eram pisoteados de forma tão brutal e tão brusca por uma jornalista que, de repente, se tornara ignorante, reacionária e fanática, que se achava no direito de lançar tiradas sarcásticas (atrever-se a falar de pena de morte para quem toma bebidas alcoólicas, como se isso fosse uma norma do Alcorão...), que pelo simples fato de ela ser famosa se tornavam opiniões dignas de nota.

E de orgulho, por saber que não, que não é assim. A nossa cultura não é inferior, a nossa contribuição para o desenvolvimento das ciências humanas não é insignificante; os nossos imigrantes não se divertem arriscando a vida para acabar trabalhando por um salário miserável num país sob certos aspectos muito racista; não existe nenhum plano nem nenhum projeto para islamizar a Europa inteira e, sobretudo, aquelas pobres mulheres frustradas e submissas não são "patetas" coisa nenhuma, não são coniventes com o egoísmo de seus maridos, não estão felizes com a sua condição.

Enquanto ela brincava com isso tudo, vi brotar a raiva e o orgulho.

Mais uma vez, Oriana, você é muito eficiente.

E agora ouço falar da tal entrevista em que ela se opõe à construção da mesquita, na qual diz que além de odiar os muçulmanos também odeia os mexicanos e os homossexuais, e acrescenta que se alguém lhe desse uma arma e ela tivesse à sua frente um mexicano e um muçulmano, acabaria por disparar contra o muçulmano, porque ele lhe dava nos nervos.

Magnífico. Obrigada.

Bum.

É incrível,
mas absolutamente verdade

Eu sei, parece absurdo.

Quero dizer, é absurdo. Absolutamente inacreditável.

Mas o meu amado está atravessando a rua, e olhando na minha direção.

Por uma irritante equação ainda não demonstrada a não ser de forma empírica, sempre que a pessoa certa se aproxima de você no momento certo, você é que não está nas condições certas.

Ou seja, estará com bobes no cabelo e com uma espinha prepotente que apareceu na sua testa justamente nessa manhã, ou com uma camiseta amarela tamanho XXXL com o Mickey Mouse estampado e o cabelo preso num coque no estilo "vovozinha".

Quando você se sente bonita, acaba de chegar do cabeleireiro ou de fazer uma limpeza de pele, está com uma roupa maravilhosa e de ótimo humor, nunca encontra quem gostaria de encontrar.

Ou melhor, não encontra ninguém.

A equação se mantém intacta.

Mas isto agora não conta. O que conta é o fato de que ele está se aproximando.

É uma loucura, mas o rapaz dos meus sonhos acabou de atravessar a rua e aproxima-se do jardim de minha casa, enquanto eu – com os cabelos desgrenhados, usando um jeans surrado e óculos gigantescos – estou sentada num degrau, lendo o primeiro volume de *Peanuts Completo*.

É verdade, parece tudo uma piada, mas é absolutamente verdade.

Por sorte, nem sequer tive tempo de entrar em pânico antes de ele parar na minha frente.

– Ei.
– Houlá.

Houlá? Hooulá? H-O-U-L-Á?

Eu sei, eu sei. É horrível. Não sei de onde é que saiu esta palavra. Mas neste instante estou concentrada demais pensando no barraco que ia se armar se a minha mãe saísse neste momento e me visse com este desconhecido, que me aborda no jardim.

Ou pior, se o meu pai levantasse o nariz do jornal e saísse no jardim, dando de cara comigo e este desconhecido (ver acima).

Que raio de desculpa eu poderia arranjar? Como poderia me safar de uma situação tão louca?

– Ah, sim, mamã, apresento... hã... Bem, não sei como ele se chama, mas isso não importa. É o "gato" que me deixa de queixo caído toda vez que passo em frente da loja, do outro lado da rua. Veio até aqui para me levar com ele, acho eu.

– Ah, está bem. Então eu vou continuar a preparar o jantar.

Ou então...

– Jasmim, quem é este rapaz?
– Quem? De quem você está falando? Eu estou sozinha. Mamã, não se faça de louca, por favor.

Ou ainda...

– Jasmim?
(Ele)
– Ei, estão chamando você.
– Quem?
– Uma mulher, atrás de você.
– Não a conheço.
– Mas...
– Ande lentamente quatro passos para trás e depois vire. Afaste-se sem olhar para trás, e nunca mais volte aqui, se tem amor à vida.

Sacudo os meus pensamentos e percebo que ele está olhando para mim.

– Eu sei que isso pode parecer absurdo, mas no fim você descobriu o meu nome, mas eu não descobri o seu. Não quis me dizer.

– Ahã.

– Eu só vim até aqui para que você me diga como se chama. Aliás, tenho de voltar para o trabalho, o chefe nem percebeu que eu saí.

– Meu nome é Jasmim.

– Uau.

– ...

– Eu sou o Tomás.

– Eu sei.

– Bem... então...

– ... hmm...

– Então tchau.

– ...'au.

Não dá para acreditar, mas nem sequer consegui dizer "tch". Queria dizer "tchau", mas não consegui. E assim saiu um estúpido "au", o que significa mais ou menos nada.

Mas talvez ele nem tenha ouvido, porque deu meia-volta e desatou a correr.

Lembrei-me da cena de *Encontro marcado*, em que Brad Pitt cumprimenta uma mulher, vira-se para atravessar a rua e um carro o atropela. Voa pelos ares de um modo tão absurdo, que se torna cômico.

Olho para ele, como se esperasse qualquer coisa do gênero.

Mas não acontece nada. Ele deixou passar dois automóveis, depois atravessou a rua e desapareceu, entrando na loja. No espaço de dois milésimos de segundo, minha mãe saiu para o jardim e começou a me bombardear, como uma metralhadora precisa e meticulosa.

– Quem era? O que ele queria? O que ele disse? Que raio de camiseta é essa?

(é a do Mickey, para deixar registrado)

Pensei a qual pergunta devia responder primeiro.

– Encontrei no fundo do armário...
Respondo a mais fácil, naturalmente.

– Jasmim.
– Não, mamã, eu não estou doida, se é isso que quer saber.
– Quem era aquele sujeito? O que ele queria? O que ele disse?
– Sabe de uma coisa, mã? Acho que se você não repetir todas as perguntas cada vez que respondo a uma, eu talvez consiga responder as outras. Quero dizer...
– Quem era?

Ela me conhece. Quando começo a falar à toa, estou escondendo alguma coisa.

Infelizmente, além de ser doida, também sou muito previsível.

– Trabalha ali na frente.

Pronto, enfiei o pé na lama. Obviamente, não devia ter contado.

– Há algumas noites assaltaram a loja, e ele queria saber se tínhamos notado alguma coisa.

Levanta uma sobrancelha. Com ceticismo. Depois me encara por um instante.

Nesse momento, tanto eu como ela sabemos perfeitamente que eu estou mentindo.

Depois se vira, e este momento, na nossa linguagem, significa "vou fingir que não aconteceu nada, mas tome cuidado para não ultrapassar os limites".

Volta a entrar em casa, e eu desato a rir. É um riso nervoso.

Imagine se alguém me visse, como devo parecer imbecil.

Imagine...

Imagine viver num país onde, na universidade mais prestigiada, existisse um comitê que se desse ao trabalho de ler os livros publicados em cada ano, censurando aqueles que não agradam.

Imagine viver num país que se declara república democrática, mas onde o presidente é o mesmo há mais de vinte anos.

Imagine viver num país onde, durante as eleições para o cargo presidencial, chegassem ônibus do interior com dezenas de agricultores que recebessem certa quantia para votar em determinado candidato.

Imagine viver num país onde sempre que se chama um táxi este parasse, e o motorista esperasse que você lhe dissesse para onde quer ir e, depois de pensar, decidisse se lhe apetece levá-lo até lá ou se prefere recusar, dizendo para você ir de ônibus.

Imagine viver num país onde as moças andassem sempre de véu na cabeça, e depois, à noite, entrassem numa discoteca, tirassem o véu e dançassem como loucas e, ao sair, voltassem a pôr o véu, como se nada tivesse acontecido.

Imagine viver num país onde não existisse uma classe média – zero – a ponto de ou se viver na completa miséria, ou ostentando a riqueza.

Imagine viver num país onde ninguém escutasse as palavras proferidas, onde os protestos não fossem atendidos, onde a inércia fosse o lubrificante perene do mecanismo que regula a vida de todos.

Imagine viver num país onde os professores ensinassem mal, de má vontade, por serem mal pagos, e depois corressem para casa, reunissem vinte alunos dentro de um quartinho e lhes dessem aulas particulares.

Imagine viver num país onde, sem essas aulas particulares, fosse praticamente impossível passar nas provas.

E imagine não viver nesse país, mas que esse fosse o país dos seus pais, sendo, portanto, o país ao qual está ligada, de certa forma, por hereditariedade.

Bem-vindos ao Egito.

Acho que entendi, mais ou menos

Talvez eu tenha entendido, ou agora comece a entender, mais ou menos, como são. É verdade, a maior parte das vezes as classificações e as definições banalizam as coisas.

Outras vezes, porém, temos uma necessidade desesperada de conseguirmos nos reconhecer numa definição, em algum cantinho acolhedor.

Hoje vi na livraria o pôster do Gênio da lâmpada de Aladim e disse para mim mesma: pronto, esta sou eu.

É graças ao Alcorão que eu compreendo.

Posso dizer, finalmente, eu.

Eu.

Sou como um pequeno gênio, um geniozinho inofensivo.

Os gênios pertencem a um mundo que não é o dos homens nem o dos anjos.

Estão no meio caminho, exatamente como eu.

Podem ser bons ou maus – e até nisso ficam no meio do caminho.

Um gênio famoso é o da lâmpada de Aladim.

Fico feliz ao pensar em mim mesma como uma espécie de gênio que se esconde (pois esta é a sua característica mais fascinante: escondem-se no meio das pessoas, a ponto de nem os notarmos), captando o grotesco, o cômico e o maravilhoso de cada situação.

São como uma entidade sobrenatural,
suspensa entre o mundo angélico e a humanidade,
mutante
e certamente incompreensível.

Um pequeno gênio bom
mas também um pouco zangado
porque às vezes é profundamente incompreendido.

O mundo é mesmo injusto...

Yusef. Pronto.

Entro na cozinha e dou de cara com ele. Mr. no-casamento-parecia-bonito-mas-na-realidade-tem-um-aspecto-horrível. O Mr. convido-você-para-almoçar-mas-depois-não-peço-o-seu-telefone-assim-me-valorizo. Sentado no banco de verga trançada, que, aliás, é o meu lugar preferido.

Diante da minha mãe, que está preparando o chá.

(Faço um parêntesis: essa coisa do chá é verdadeiramente o fim da picada. Quem foi o cretino que difundiu o lugar-comum do chá das cinco inglês? Na Grã-Bretanha talvez tomem o chá às cinco, mas nós tomamos à uma, às duas, às três, às quatro e assim por diante, chegando até a levá-lo para o criado-mudo, ao lado da cama, antes de dormir. Ou seja, um egípcio toma chá como se isso fosse tão essencial quanto respirar. Baldes de chá, chá "a cântaros", como a chuva, para todos os gostos, antes ou depois da refeição, logo ao despertar, com uma dose de leite. Alguém me diga se isto é normal.)

Minha mãe aquece a água na chaleira e ele a observa sorridente, como se a conhecesse há séculos; então eu entro na cozinha (segundo o teorema já conhecido) com os cabelos desgrenhados e um aspecto assustador, voltando da extraordinária aula de hidroginástica (será que ela tonifica mesmo as coxas?).

Creio estar com uma expressão que lembra a daqueles peixes tropicais, acará e lúcio.

Ou seja, de boca aberta e olhos esbugalhados.

– Jasmim! Querida!

Pronto, esta é minha mãe. Está mesmo representando o papel da mãe insuportável, que chama a filha de "querida" e, ao mesmo tempo, espana uma poeirinha presa à camiseta; que a leva para passear com o seu cartão de crédito e, ao mesmo tempo, lhe apresenta bons partidos.

Quero dizer, será que hoje em dia ainda existem bons partidos?

– Olhe quem está aqui! Lembra-se do Yusef?

Imagine que maravilha se agora eu respondesse: "Não, mamã, não me lembro dele e estou pouco me lixando para quem está na nossa cozinha, contanto que ele saia do meu caminho. Estou com fome".

– Lembro, sim. É o primo de Shedi, não?

Levanta-se e aproxima-se de mim, estendendo-me a mão. Eu, incrédula, o encaro por uns instantes.

Tem as unhas muito bem-arrumadas. Santo Deus, acho que ele vai à manicure.

Também tem uma mancha nas costas da mão, em forma de ponto de interrogação. A princípio é pequeno, mas vai crescendo cada vez mais. Aumenta, e o pontinho toma a forma de uma grande esfera, torna-se grande e grossa, invade o meu campo de visão, tornando tudo escuro à minha volta.

– Prazer em ver você de novo.

Desperto das minhas visões alucinantes e alucinógenas. Gaguejo.

– P-prazer... eu também, claro.

Estendo-lhe a mão. O seu aperto de mão é forte e seguro.
Minha mãe também me parece forte e segura. Coloca uma colher de chá no copo. Do meu chá preferido, que é o verde.
Minha mãe em breve terá de perceber a besteira que está fazendo.
Eu também estou forte e segura.

– Bem, tenho de ir... para o banho. Ou seja, tomar um banho.
– Deixe para mais tarde, *Jasmim*.

Fala com precisão, colocando o acento em Jasmim, e não nas outras palavras... *J.a.s.m.i.m.* Incrível.

– Meu cabelo está escorrendo. Olhe!

Fito uma gota invisível que caiu do meu cabelo, há três minutos, quando entrei na cozinha.

Eles olham para mim – como se eu fosse louca, claro –, mas a minha mãe não tem força para me dar qualquer tipo de resposta. Certamente eu a deixei irritada.

– De qualquer modo, eu vou ser rápida.

Vou demorar muitíssimo, naturalmente.
Mais do que de costume.
Subo ao andar de cima e coloco a mochila no chão. Olho-me no espelho. Estou pior do que pensava. Meu cabelo está todo arrepiado.

Tiro a roupa e enfio o roupão; corro até o banheiro e parece-me ouvi-lo conversar com a minha mãe, que ri. Fantástico.

Entro debaixo do chuveiro e enquanto me delicio com o jato de água quente vou refletindo.

Por que ele está aqui?
Qual será a ligação? O que ele tem a ver com a minha mãe? Ou com a minha família?
O que é que eles pensam que estão fazendo?

Também penso em Amira. Ela já está viajando há muito tempo, ou talvez não. Não sei, na minha cabeça parecem meses.

É como se ela tivesse entrado num mundo paralelo, e eu sei muito bem que duas retas paralelas nunca se encontram. O mesmo se aplica aos mundos.

Mas estendem-se lado a lado, afirmaria Leila. Ela também desapareceu. Deve ter ficado ofendida outro dia: eu não lhe contei nada sobre o Tomás, ela descobriu por acaso, quando a minha mãe voltou a me perguntar o que ele estava fazendo no jardim.

"O que o rapaz da loja estava fazendo no nosso jardim, *Jasmim*?"

O que você acha que ele estava fazendo, *mamã*...?

Eu não respondi assim, obviamente. Repeti a cena do roubo, Leila arregalou os olhos e minha mãe se afastou com uma tromba.

Leila ficou furiosa, me mandou para "aquele lugar"... ou talvez tenha me chamado "daquilo".

Saio do chuveiro e me arrumo um pouco. Estou com raiva de mim mesma, porque não deveria fazê-lo.

Para ele? Estou me arrumando para aquele idiota?

Não sei. Mas continuo a me pentear, a me perfumar e a vestir a calça jeans. Minha mãe, aliás, vive dizendo que ela é muito apertada.

Não é, claro.

Mas para ela é.

"Olhe como andam certas meninas", respondo eu, "com aquelas minissaias curtíssimas... quem quiser que me diga se esta calça é muito apertada".

"Não me importo com as outras meninas, eu me importo com você."

"Mamã, garanto que a calça não está apertada."

"E eu garanto que está."

"Mas que coisa, você não enxerga? Será que tem olhos na cara?"

"Talvez não seja apertada para você, mas para mim é. E a discussão acaba aqui."

Raios partam isso tudo. Vou pôr esta mesmo, e assim ela fica furiosa. Ou talvez Yusef goste, mais isto e mais aquilo...

Desço à cozinha e dou de cara com eles ainda mergulhados em amena conversa.

Minha mãe olha para mim e pergunta:

– Como foi a aula?
– Tudo bem.

Se ela se atrever a falar alguma coisa sobre a minha celulite, eu chuto o balde, juro que chuto. Acabo com a sua cozinha.

– Sabe, Jasmim sempre gostou muito de esportes...

Não, mamã, não faz isso, por favor.

– Quando ela tinha seis anos, eu a inscrevi num curso de ginástica artística. Era ótima, frequentou as aulas durante seis anos, até parecia uma boneca articulada. Depois cansou e desistiu. Que desgosto...

Mas que interessa a ele as traves, os tatames e as argolas?! Mamã, por favor, não seja patética.

– ... depois a matriculei no basquete, depois no futebol, no atletismo e, finalmente, no vôlei. Três anos e cansou. Desde então se transformou num elefante, sempre refestelada no sofá, na frente da televisão.
– Mamã, isso não é verdade.
– Bem, de vez em quando, como vê, ela vai à piscina.
– Alguma coisa está queimando, mamã.

Levanta-se ("Meu Deus, que distraída!") e corre para o forno, tirando de dentro dele um prato de lasanha. É completamente absurdo. Lasanha.
E tudo isso para Mr. Filho-da-Reverenda-Perua? Devo estar tendo um pesadelo, ou qualquer coisa parecida.

– Então, Jasmim, como vai a faculdade?
– Vai bem. Já fiz quase todas as provas deste ano. E você?
– Eu me formei há pouco tempo.
– Em quê?
– Engenharia mecânica.
– Sério?

Como se eu não soubesse. Lanço um olhar de soslaio à minha mãe. Muito bem, James Bond, você já sabia. Aliás, você sempre sabe tudo.
Ela esboça um sorrisinho cúmplice e continua às voltas com as panelas.

– Estava passando por aqui com a minha mãe e a mãe de Shedi, e decidimos parar para cumprimentar vocês.

– Isso. E depois elas iam ao salão de beleza, por isso eu disse que, se ele quisesse, podia esperar aqui. Que você devia chegar a qualquer momento. Sabe como é, um belo rapaz como ele no salão de beleza... Ia se entediar... e certamente alguma senhora era capaz de se engraçar com dele... hahahaha!

Ri como se tivesse dito uma coisa muito engraçada. Por favor, mamã. Pare de fazer esse papel ridículo.

– Bem, é verdade. Eu estava com vontade de ver você de novo. No casamento só trocamos duas palavras.

Eu o encaro, irritada. Durante aquele almoço trocamos um pouco mais do que duas palavrinhas, querido.
Que raio de brincadeira é esta? Além disso, seja qual for o tipo de brincadeira, por que é que a minha mãe está ajudando?
O que eles não estão querendo que eu saiba?

Continuo pensando nisso, e nesse meio-tempo chegam as duas malucas, a velha girafa e a reverenda perua, duas ao mesmo tempo, que desgraça, é demais até para mim; dá para perceber que estão vindo do "salão de biuti", porque a velha girafa usa exatamente estas palavras; ao que parece, a perua e a minha mãe declararam trégua – depois do sharbat no casamento e de todo o resto; Yusef, pelo contrário, está numa alegria só, parecendo muito descontraído nesta situação, com todas estas mulheres; depois o meu pai chega do trabalho e é obrigado a aguentar, mas vejo o seu rosto mal ele entra, parece alguém que acaba de aterrissar inesperadamente em Marte e descobre que todo o planeta é habitado, mas está coberto de cactos, ou seja, um ambiente muito inóspito; minha mãe o recebe e o obriga a arrumar a mesa e comemos a lasanha, em meio a uma grande tagarelice; Yusef me olha do outro lado da mesa, me olha entre uma garfada e outra, me olha enquanto eu sirvo a água e depois me olha enquanto minha mãe me diz para ir preparar o chá para todos; assim eu desapareço e vou fazer o chá, e Yusef continua a me olhar, acabando por ir atrás de mim na cozinha.

– Então, que me diz?

Preparo-me para responder "nada", o que seria verdadeiramente genial, quando entra o meu pai.

Não sei se foi por um impulso de ciúmes paterno ou de solidariedade, mas não se afasta dali; vejo a minha mãe preocupada, que continua a nos observar da sala, perguntando-se por que meu pai não nos deixa sozinhos; eu, pelo contrário, agradeço-lhe mentalmente, com reverência, porque ele realmente sabe tudo da vida.

Assim, acabamos falando do tempo, da garoa que trouxe uma trégua ao calor, da Itália, que está indo muito bem no mundial, e da final de domingo, que de certa forma já está vencida, dos taxistas e das suas greves inesperadas, das liberalizações do governo, dos escândalos na política, da corrupção, do roxo que está na moda este ano (bem, eu sempre achei que o roxo não dá azar), falamos de tudo e de nada, olhamo-nos, alimentando este triângulo insensato e um pouco inesperado.

Yusef já não me olha como antes, mas eu acho que ele está tentando seduzir o meu pai, e também acho que o meu pai não está se deixando enganar, ou melhor, parece até que ele está irritado com a situação.

Neste momento, creio que somos salvos pela girafa, que chama Yusef; ele volta para a sala, e o meu pai fica olhando para mim enquanto eu preparo o chá.

Alguns instantes de silêncio, e depois:
– Gosta dele?

Mais uns instantes de silêncio.

– Acho que não, papá.

Fica parado por um momento, com as mãos nos bolsos, tentando ler o significado do meu silêncio, e depois diz, em voz baixa:
– Está bem.

Ele sai e eu sorrio. Também sabe ser meigo, à sua maneira.

No Egito, afirma-se que a prova do café é importante. Sim, o café turco, aquele café denso e pesado. Conforme você o prepara e o serve, percebe-se muita coisa acerca de sua pessoa. Dizem que dá para perceber se você é uma boa dona de casa.

Bem, eu não preciso do café ou do chá para saber se sou uma boa dona de casa. Não sou e pronto.

Pouso o bule na mesa e digo:
— Vou dormir.

Despeço-me das espiãs e de Yusef, desvio das flechas lançadas pelos olhos da minha mãe e beijo com afeto o meu adorável pai.

Enquanto subo para o quarto, sei perfeitamente que minha mãe está furiosa.

Com certo sadismo, porém, isso me enche de prazer.

A vitória dos vencidos

Não há maneira de fazê-la entender que eu sou a pessoa errada.

– Já não aguento mais me ver tão gorda!
– Você não é gorda, Diana. Eu juro que você está muito bem.
– Jas, eu sei muito bem que você diz isso para me tranquilizar. Vamos, seja sincera. Eu engordei muito nestes cinco meses.
– Não... estou falando sério, você está muito bem. Além disso, os seus peitos também aumentaram. Não está nada mal.
– Bem, posso ter um belo par de peitos, mas o que faço com esses pneus por toda a parte?
– Você não tem pneus. Além disso, desculpe, mas se acha que engordou tanto assim, por que não para de tomar o anticoncepcional?
– Porque o Dani não quer.
– Como assim, não quer? Não é ele que toma...
– Eu sei, mas ele prefere assim.
– Diana, francamente, acho egoísta e injusto da parte dele obrigar você a tomar anticoncepcional. Se os efeitos fazem mal a você, desista e pronto. É algo que só diz respeito a você.

– Sim, mas depois isso vai influenciar a nossa relação. Ele vai ficar chateado... ou seja, cada vez que...

– Didi... não diga bobagens. Se ele gosta de você e não é um ignorante machista, deve entender, não?

– Você não entende, Jasmim. Cada vez que ele tenta...

E assim tenho de aguentar os pormenores.

É cômico.

Ou seja, eu tenho vinte e três anos e nunca namorei, mas tenho de dar explicações a Diana sobre os métodos contraceptivos.

Alguma coisa deve estar errada, não?

Sempre que converso com um simpático grupinho de amigas e colegas da faculdade sobre essas coisas, tenho sempre esta sensação de mal-estar... de incapacidade.

Digo para mim mesma: elas é que são muito avançadas.

No momento seguinte, porém, eu é que me sinto ultrapassada.

Depois há aqueles momentos em que ninguém é avançado nem ultrapassado, em que cada um é feito à sua maneira.

Eu concordo, a minha emancipação feminina talvez esteja um pouco bloqueada, mas também – quero dizer – nem tudo é universal, né?

Se me atrevo a associar a palavra "virgindade" a "casamento", olham para mim como se eu fosse louca.

A própria Diana, uma vez, me disse que, segundo ela, eu era um pouco exagerada.

"Ou seja, você não é uma freira. Aproveite um pouco a vida, Jas, tente conhecer um cara. Isso não tem nada de errado."

Desisto de tentar explicar.

É como se, depois de terem escolhido um estilo de vida, se recusassem a aceitar e a entender que possa existir outro modo de ver as coisas.

Como se os outros modos de ver a vida fossem estranhos, diferentes, incompreensíveis.

Guardar a virgindade até o casamento? Renunciar à minissaia? Respeitar as opções e os desejos dos pais? Receber em herança menos do que os filhos varões?

Isso não existe, é ridículo! Pelo amor de Deus! Ou melhor, como diz Oriana Fallaci, é coisa de patetas!

O resto não existe. As motivações não existem, os pontos de vista não contam. Que a virgindade seja um dom puro e maravilhoso a partilhar com o homem que será o único da sua vida, que o corpo seja mais precioso do que um produto a ser vendido ou um troféu a exibir, que o *background* e a mentalidade dos próprios pais seja diferente da deles, que os filhos varões também sejam obrigados a sustentar as irmãs, em caso de necessidade, tudo isso são pormenores insignificantes. Razões sem fundamento, detalhes "estranhos", "diferentes", "incompreensíveis".

Nem sequer se esforçam em tentar enxergar de uma perspectiva diferente. Paralela à própria, é verdade, não convergente.

Imaginar que talvez não exista uma única forma correta de ser mulher, mas que existem várias formas diferentes? Improvável.

Tentar, de algum modo, ultrapassar o lugar-comum, o que ouviu dizer, o pensamento único, para chegar mais no fundo? Impossível.

Mas eu sinto essa mentalidade. É uma coisa estratificada, complexa e de muitas faces.

E isso me irrita.

Por que temos de nos anular? Por que temos de ser iguais aos outros? Por que temos de renunciar à nossa identidade?

Que sentido tem um raio de lei que nos massifica, que nos laiciza à força, que nos diz como devemos nos vestir, ou melhor, como não nos devemos vestir?

Por que a minissaia sim e o véu não? Por que temos de lutar para que as mulheres tenham o direito de não usar burca, de não usar véu, e por que não devemos lutar também para que as mulheres tenham o direito de usar véu, se o desejarem?

A liberdade não se conquista assim. Acho que é algo muito mais complicado.

E também acho que, por mais absurdo que pareça, proibir uma menina de entrar na escola com o véu na cabeça leva ainda mais meninas a querer usá-lo.

Naturalmente, porém, é inútil que eu diga tudo isso a Diana. Insisto que se ela achar que deve, que pare de tomar o anticoncepcional. Que sim, que aquela lingerie deixará Dani louco. Que transar no carro *não é* o máximo. Que deve ter mais cuidado da próxima vez.

No entanto, gostaria de pedir a ela que olhasse para dentro de mim, tentando entender que esta absurda menina virgem não é uma louca nem uma mulher submissa.

É Jasmim.

A sua amiga.

Escute-a por um instante.

— Não, Jasmim, nããããoo. Não posso mesmo.
— Está bem, Didi. Então faz o que você quiser.
— Jas, tente entender. Hoje à noite ele vem dormir na minha casa. Não posso dizer uma coisa dessas a ele.

Está bem, Diana. Como quiser. Como achar melhor.
Mas deixe de me chatear, por favor.

— Jasmiiiiiiiim!

Pronto. Dou uma desculpa para Diana e me preparo para o duelo.

Tiro do armário um cinto cheio de munição, a minha Beretta M38, a espingarda AR 70/90 e um par de metralhadoras.

Depois prendo o cabelo, passo uma faixa vermelha em volta da cabeça como o Rambo, suspendo a calça e cuspo no chão.

Ok, mamã. Aí vamos nós.

Desço as escadas furtivamente, colada à parede.
Puxo a espingarda e a carrego. Fico toda enlameada ao arrastar-me no chão. Depois me aproximo furtivamente da porta da cozinha.
Abro-a de repente.

Ok, nada de duelo.

Tem um olhar maldoso. Fitamo-nos, hostis. Por um minuto, ou talvez dois.

Depois eu me canso da guerra de nervos, pouso as armas no chão e me deixo cair pesadamente na cadeira.

– Quem começa?
– Eu.
– Está bem.

Pego o suco de manga e encho um copo. Fico olhando para ele enquanto ela diz:

– Achou muito bonito se esconder das visitas ontem?
– Me esconder?
– Sim, senhora, primeiro no chuveiro e depois na cama.
– Não me escondi, estava só tomando banho.
– Não brinque comigo...
– ... Jasmim. Pronto, agora sou eu que brinco com você. Acho que tem alguma coisa que não bate nessa história.
– Que quer dizer?

Tente não se exaltar, Jasmim.

– Tente ser sincera comigo, mamã. O que é que Yusef veio fazer aqui?

– Sincera? Comece você a ser sincera. O que aquele rapaz estava fazendo no jardim?

– Sabe o que acontece quando uma pessoa responde uma pergunta com outra pergunta e a primeira, por sua vez, responde com uma nova pergunta, e assim sucessivamente?

Ela se senta e rouba o meu suco. Toma um longo gole. Calma, Jasmim, calma.

– Yusef é o primo de Shedi e, como você sabe, eu tenho boas relações com a família de Amira e com a família de Shedi.

– O Mickey é o namorado de Minnie e, como todos nós sabemos, ele a traiu com o Pateta e com o Pluto, porque, na verdade, é homossexual.

– Não brinque comigo, Jasmim.

– Então não se faça de boba.

Parece que estou em vantagem. Com uma ligeira, mas perceptível vantagem.

– O que é que Yusef tem que não agrada você? Como é que de repente deixou de gostar dele? Na faculdade, porém, conversou com ele, foram...

– Como? O que é que você sabe da faculdade?

Conspiração. Erguei as baionetas, é um caso de alta traição. Correrá muito sangue.

– Eu não sei de nada, só que...

– Mamã! Pare com isso senão eu fico nervosa e, se eu fico nervosa, não vamos mais conseguir conversar. E se não conseguirmos conversar, vou ficar mais nervosa ainda, porque, ao que parece, estão acontecendo coisas pelas minhas costas. Bote tudo para fora. Conte tudo. Imediatamente.

Suspira, levanta-se e olha pela janela. Eu fixo os olhos nos sapatos dela.

Odeio esses sapatos. Têm o salto quadrado, antifeminino.

Já disse a ela mil vezes para não os usar, mas ela é teimosa.

– Não há nada a dizer. Sherihan me ligou dizendo que Yusef tinha ficado muito impressionado com você no casamento, que só falava de você etc. Por isso eu fui falar com Yusef. Ele só me pediu que eu lhe desse uma ajuda, pois queria conhecer você melhor.

– E o que é que você fez?

– Disse a ele quando podia encontrar você na faculdade. Nada demais.

Ah, agora está tudo esclarecido. E ainda por cima posou de bom, não me pedindo o número do telefone. Obviamente, ele não precisava. Minha mãe lhe teria dado até os números dos meus documentos.

– Portanto, aquilo foi tudo uma palhaçada?

– Não fale assim, Jasmim. Devia se sentir lisonjeada pelo fato de um rapaz tão bom se sentir atraído por você.

Pronto, está tudo bem esclarecido. O almoço, o amigo que sai de repente para tratar de um problema de Estado, deixando-nos sozinhos. E, depois, aquela encenação em nossa casa. As três comadres devem ter preparado o serão com todo o cuidado. Que nojo!

Lisonjeada. Isso mesmo.

Depor as armas, soldado raso.

Não servem para nada.

— Vamos ver se eu entendo. Eu o vi no casamento, e falei com você sobre isso. Você ligou para ele, e combinaram de ele ir se encontrar comigo na faculdade. Depois inventou aquela história do "salão de biuti" etc. Qual era o próximo passo? O noivado?

— Jasmim, não fique zangada. O que tem de estranho? Você agrada a um rapaz, ele me pede uma ajuda...

— O que é que isso tem de estranho? Não sei, a não ser que talvez a minha opinião também conte, né? Que não se deve conspirar nas costas da própria filha? Que esses métodos são da Idade Média?

— Não fale coisas fora de propósito. Só fala de conspiração e mais conspiração... o que tem de estranho em querer que você encontre um bom rapaz, que faça você feliz?

— Eu seria feliz com um rapaz escolhido por mim. Por quem eu estivesse apaixonada. Que perguntasse a mim, e não à minha mãe, como poderia se aproximar de mim.

Ficamos caladas por um instante. Da fase da fúria passa para a da resignação e depois para a do abandono.

— E aquele lá, o que ele quer com você?

— Aquele lá, qual?

— O rapaz da loja.

— É claro, aquele deixa você irritada porque não mandou um requerimento por escrito para falar comigo. Porque não veio perguntar a você qual é o meu cantor preferido e em que dia nasci.

— Não se faça de boba, Jasmim. O que é que isso tem a ver? E por que haveria de ser assim? Aquele rapaz pediu você em namoro?

— Não me pediu absolutamente nada. Ele se chama Tomás. E é muito mais interessante do que aquele imbecil do Yusef.

Recolho o meu armamento e saio da cozinha.

Round vencido.

Penso eu.

Era uma noite escura e tempestuosa, como diria o querido e velho Snoopy

O temporal rompe o silêncio; na minha cama escuto o tique-taque meticuloso e angustiante do relógio da sala.

Ouvem-se automóveis trafegando sob a chuva, enquanto sombras estranhas se projetam na parede do meu quarto. Sigo-as, recordando como me assustavam, quando era pequena.

Fico surpresa pela primeira vez, por agora terem perdido toda a razão de ser e passarem por mim sem deixar vestígios.

Penso num milhão de coisas, e todas elas se misturam na minha mente, coisas que nos últimos dias têm alimentado a minha imaginação.

O delírio e a euforia de centenas de turistas nas ruas de Milão, para começar.

A banalidade de um esporte que, sendo único entre os outros, reúne, com um vigor indescritível, milhões de pessoas, um mundial vencido, cidades paralisadas, manifestações extremas de patriotismo, nacionalismo, manias de grandeza. E aqueles rapazinhos de Bangladesh, amontoados num Fiat Punto, ouvindo música indiana no rádio, ou aqueles grupinhos de árabes com bandeiras e trombetas em riste. Dei muita risada da situação.

Depois pensei que talvez eu, vista de fora, também seja motivo de riso. Mas não chego a esse ponto. A ponto de entender como me veem de fora.

E depois Tomás. O absurdo da situação, em primeiro lugar. As complicações, em segundo lugar. Sinto uma espécie de angústia sutil frente à irreversibilidade da situação. Em determinado momento você sonha, se diverte com a fantasia de falar com um rapaz observado como se estivesse dentro de um porta-joias. No instante seguinte, ele atravessa a rua e vem perguntar o seu nome. Bem, isso já complica as coisas. Ele se interessa por mim. Tudo bem, e depois? Não me parece que haja um modo tranquilo de anunciar ao meu pai e à minha mãe que estou saindo com um rapaz italiano. Católico. Diferente.

E ainda, Amira. Onde é que ela foi parar? Que está fazendo? Bastou o casamento para afastar-se de mim? Por que ela parece ter virado escrava de Shedi? Por que parece que as mulheres muçulmanas se casam e automaticamente são enclausuradas no mundo do marido, que se torna protetor, tutor, pai, irmão e qualquer outra figura de autoridade possível? E por que é que justo Amira tinha de cair nessa?

Enfim, Yusef. Ou talvez deva dizer Yusef e minha mãe. O que é que ele quer de mim? E como é possível que a minha mãe tenha cedido a um comportamento tão baixo e ridículo? Eu sempre pensei que a nossa família fosse moderna, aberta, "ocidentalizada", que não usaria esses mecanismos de constrangimento que os pais árabes aplicam diariamente ao universo feminino.

É como se um sentimento fundamental de segurança e confiança tivesse, de certo modo, se quebrado dentro de mim.

Penso de novo em Irshad Manji, a ativista.
Para Leila é um mito.

"*Ijtihad*. Eu a chamo assim. O livre pensamento no Islã. Acho genial..."

E lá vamos nós outra vez tentar situar uma personalidade diferente, escritores sobre os quais pesam *fatwas*, jornalistas famosos e bem posicionados, autores de artigos e ensaios, artistas. Lá vêm as questões, se são mesmo uns vendidos, se defendem a nossa causa ou se estão contra nós; tentamos compreendê-los. Contudo, percebemos que fazemos parte de um universo tão extraordinariamente complicado, heterogêneo e eclético, que cada um é apenas portador da sua própria ideia e defensor da sua própria identidade. Existe uma comunidade, a *umma*, mas no seio dela inúmeras variantes fervilham e têm vontade de se manifestar.

Você é apenas uma delas. Mais ninguém será de uma tonalidade exatamente igual à sua. Nunca.

São pontinhos necessários, como num quadro de Paul Signac, mas diferentes. Se olhamos de longe, podem formar uma figura única, compacta, mas basta nos aproximarmos para notar em cada um deles a sua razão de ser, e então eles deixam de ser iguais.

Irshad Manji, porém, defende conceitos explosivos.

Por muitos motivos.

Em primeiro lugar, porque é homossexual.

E o simples fato de exprimir as suas ideias com força e tentar tornar-se uma voz menos ignorada do que outras, reivindicando direitos sem medo, é desorientador.

Você se pergunta se também está autorizada a fazer isso, quase tem medo de se perguntar "O que os outros vão pensar?

Que dirá este ou aquele xeique?", e depois ri de si mesma, admitindo que ninguém tem o poder de autorizar absolutamente nada a alguém.

Depois, ela não está ali choramingando, como fazem muitos, não invoca uma reforma do Islã sem se questionar de onde deve partir e como deve fazer: é direta e determinada.

Por último, é uma mulher.

E qualquer coisa que uma mulher muçulmana diga, atenção, atenção, cria um grande alvoroço.

É como se tivesse um cartaz pendurado à sua frente, onde se lê EM OBRAS: PROCESSO DE EMANCIPAÇÃO EM ANDAMENTO, e como se cada uma das suas tentativas de sair de certos esquemas criasse um mal-estar difuso.

De acordo, reformar. Mas como?

Jasmim pode sair com Tomás, por exemplo?

Tomás pode atravessar a rua e trocar duas palavras com ela, ela pode responder e, o que é ainda mais importante, Jasmim pode dizer à mãe, com ar angelical, que estava conversando com um rapaz que queria conhecê-la? E ao pai?

Qual o comprimento lícito para uma saia? Abaixo do joelho? Ou um pouco acima?

O vinagre de vinho pode ser utilizado para temperar alimentos? E os bolinhos e os pastéis que levam um pouquinho de álcool na massa? Nem esses podemos comer? E quanto à banha de porco em certos tipos de pão? Se você comer vai direto para o inferno?

Isso, para enumerar apenas alguns dos dilemas mais banais. E será que alguém acredita que quem levanta todos esses problemas é uma "italianinha" qualquer?

Ou será que ela não é uma verdadeira muçulmana?

Mas, no fundo, quem é que decide? Por acaso existe algum documento, algum certificado? Se existe, por favor, avisem-me, estou muito interessada.

Continua a chover, e o caos dentro de mim não parece querer se dissipar.

Às vezes fecho os olhos e tento imaginar que levanto voo, abandonando o meu corpo e a minha vida.

Dando asas ao meu desejo não manifestado de me jogar em outra vida, não nesta, numa vida mais fácil e mais linear.

Uma família como as outras, como todas aquelas que vivem à minha volta.

Uma religião que não tem necessidade de ser defendida, explicada, mediada todos os dias.

Uma identidade clara, precisa e uniforme.

Quando paro de fantasiar, caio de novo dentro de mim mesma e deixo que a frustração se dissipe lentamente, até que eu recomece, pouco a pouco, a entender quem eu sou.

E assim vou aprendendo um pedacinho de mim a cada dia.

Certos trabalhos devem ser feitos com as próprias mãos

Hoje volta Amira.
Parece que Shedi não a levou a Tora Bora, nem a Kuala Lumpur.
E decidiu, por fim, trazê-la de novo para casa.

Leila está comigo.
Voltou a aparecer ontem. Ela e Diana chegaram aqui em casa enquanto eu estava me besuntando de lama.
Não, não estou brincando.
De lama coberta com filme plástico transparente. Daquele que se usa para conservar os alimentos.
Lama, filme, lama, filme. Com as coxas assim embrulhadas, fui abrir a porta com passo ligeiro e descontraído (quase mais do que o possível), esperando dar de cara com a minha mãe carregada com as sacolas das compras.
E eis que aparece Leila com um megafone e um cartaz enorme.
E Diana tomando um sorvete.

Leila:
– Celulite?

– Vai se catar.

Depois:
– Bem, devo convidá-las a entrar?
– Não é preciso, a gente entra de qualquer maneira.

Simpatia contagiante. Verdadeiramente adorável.

Sorrisinho insuportável, palmadinha no meu traseiro (também ele ingloriosamente coberto de lama, de filme aderente e blá, blá, blá) e depois esparramação imediata no sofá da sala.

– Adivinha só!

Não preciso responder, pois ela continua sem esperar.

– A bezerrinha volta hoje.

Agora Amira é a bezerra. Não me perguntem o porquê, por favor.

Finjo indiferença. Observo, indolente, a lama se fragmentando, de forma desagradável, sobre as minhas banhas. Volto a pensar no prato de gnocchi do almoço. Daqueles recheados. Com tomate e mozzarella, para ser mais exata.

Devo parecer concentrada, esforço-me por franzir a testa. Percebo que Diana me observa, preocupada. Antecipo-me a ela.

– Sim, é verdade, estou bem. Está tudo bem.

Ela me olha como se eu tivesse começado a dançar tango com o gato em cima da mesa de vidro.

Considero a hipótese de fazê-lo realmente.

Mas a lama tornaria tudo muito deselegante.

– Como é que foi com o Daniel?

Diana começa a falar e eu volto a cair na mesma esparrela de sempre. Pronto, aí vamos nós outra vez.

Não faço de propósito, eu juro. Isso acontece sem que eu consiga impedir.

Quando falam de coisas para as quais estou pouco me lixando, começo a olhar para a pessoa em questão e a imaginar que ela cai no chão, que eu pulo em cima dela e faço cócegas na sola dos pés, fazendo-a rir até passar mal.

Depois imagino que me estendo em cima dela, e que ela, entretanto, continua a rir.

Quando Didi acaba de falar, eu estou na fase das cócegas. Tento salvar o meu olhar da fixidez que o paralisa nestas situações, mas acho que não há nada a fazer.

O rosto de Diana assume uma expressão hostil.

O meu assume um ar embaraçado.

Ela, imperturbável, me olha como se quisesse me cortar em pedacinhos e espalhá-los por toda a parte.

Eu cedo, fixando os olhos no chão.

– Na sua opinião, o que devo fazer, Jas?

Ok, agora alguém me diga como posso me salvar desta situação.

É como quem faz tiro ao alvo e vai disparando setas à direita e à esquerda, até conseguir acertar no centro. Com o risco de trespassar o alvo até a morte.

– Bem, Diana... – começo eu, com o ar de quem se prepara para dizer uma coisa muito importante.

Algumas deglutições em seco. E alguns microssegundos para refletir desesperadamente sobre o que hei de dizer.

– Nessas situações temos sempre de ter um pouco de paciência.

Olho para ela, esperando uma reação.

– PACIÊNCIA???

Sobressalto. Estilo mangá japonês, perplexa, uma gota de suor, rola pelo meu rosto.
Leila vira-se para mim e lança-me um olhar interrogativo.

– Paciência? – repete ela.

Tomo coragem e repito com a maior cara de pau.

– Claro. Ao menos uma vez, Diana, devia esperar para ver o que ele faz. (E estou claramente blefando, mas não arrisco muito. Seja lá do que Diana estivesse falando, o assunto era certamente o seu namorado. Ela é praticamente monotemática.)

– Talvez você tenha razão, Jasmim... meu Deus, tenho de saber se ele é capaz de tomar a iniciativa, uma vez na vida!

Leila me olha de soslaio. Bem, eu já esperava por isso. Naturalmente, posso falar assim com Diana, mas não com Leila.

Toca o telefone. Salva pelo gongo. Levanto para atender.

– Alô?
– Querida!
– Amira?!
– Óbvio! Já se esqueceu da minha voz?
– Bem, sabe como é... você praticamente desapareceu. Eu já tinha pensado em procurar o Programa Desaparecidos!
– Eu estava em lua de mel, amiga.
– De qualquer forma, podia ter dado uma ligada, mandado uma mensagem...
– Como posso dizer, Jas... eu fui completamente absorvida pela minha nova vida! Shedi é maravilhoso, ser mulher dele é incrível. Ele é superatencioso, fazemos tudo juntos. Você não

pode imaginar as coisas que ele tem comprado para mim ultimamente. Sempre que volta para casa me traz um presente, depois...

– Ei, espere um momento. Acha que consegue arranjar uma tarde livre para mim?

– Uma tarde?

– Ou cinco minutos, se preferir. Pode me contar tudo pela janela, se tiver de ser assim.

– Ah, Jasmim, não tire sarro de mim!

– Então facilite, por favor. Diga que daqui dez minutos vai estar aqui em casa, pronto.

– É que eu tenho de perguntar a Shedi o que ele quer fazer hoje. Não sei se ele tem planos para sairmos.

– Bem, tome você a iniciativa. Diga que precisa vir aqui em casa. Leila e Diana estão aqui também.

– Não sei; que tal se eu ligar mais tarde, para dar uma resposta?

– Está bem, vai pedir permissão ao papai e depois, se puder, me ligue.

– Jasmim...

– Agora tenho de ir. Até mais.

Desligo o telefone com um gesto furioso. Leila e Diana me olham como se estivessem esperando eu me levantar de repente e começar a quebrar tudo. Essa é realmente a minha vontade.

Estamos em agosto, a minha melhor amiga mais parece uma espécie de inimiga, Israel está bombardeando o Líbano, minha mãe não fala comigo há quase um mês, Yusef desapareceu de circulação depois de um telefonema do tipo "vade retro Satanás" ("Que tal nos encontrarmos amanhã para almoçar?" "Não sei." "Está bem, então, se prefere, depois de amanhã." "Acho que vou estar ocupada." "Ok, então me ligue você quando estiver livre." "Sim, talvez." "Vou ficar esperando a sua ligação." "Está bem, está bem."), e eu engordei de forma obscena. Isso tudo causa depressão, tenho certeza.

Essa coisa de a minha mãe me forçar a arrumar um namorado é angustiante.

Segundo a concepção árabe, arábica, arabizante, uma moça formada e ainda sem namorado é um fenômeno anômalo, que deve ser corrigido e modificado.

Segundo o presidente egípcio, "acabou o tempo das guerras. O Egito não combaterá em nome de nenhum país estrangeiro" e, segundo a opinião pública mundial, as crianças libanesas são vítimas inocentes no caldeirão da autodefesa israelense.

Segundo Magdi Allam, seria justo dar a uma rua de Bagdá o nome de Bush, Santo Protetor da Liberdade e da Democracia Alheias.

Segundo Nacera Benali, Magdi Allam não é o representante dos muçulmanos na Itália. Ninguém o nomeou para isso.

E ainda segundo Nacera, muitos imãs autonomeiam-se como tal.

Segundo meu pai, Yusef não é um rapaz como outro qualquer, mas eu sou a sua princesa, e não é justo que qualquer um apareça e me leve embora, especialmente se o sujeito fez um pacto com a minha mãe.

Segundo Amira, depois de casada a mulher passa a estar sob a tutela do marido-patrão e deve se submeter a cada um dos seus gestos, a cada uma das suas ações, ao seu imprescindível juízo e autorização.

Segundo a lei de Murphy, antes de encontrar o seu príncipe encantado, você vai ter de beijar muitos sapos.

Em meu ponto de vista, ser você mesma é terrivelmente complicado. Especialmente para mim.

Há dias baixei um álbum e o ouvi até o fim. Depois voltei a ouvir uma, duas, três vezes. Até ele começar a me dar prazer. É isso que, no fundo, deve acontecer. A coisa deve ser prazerosa. E, se a princípio não é, você deve insistir até encontrar a forma de sentir prazer com o que está ao seu redor.

É sempre assim,
os bons morrem antes

Acordo ao meio-dia, como uma bêbada nojenta que tenta em vão disfarçar as consequências de um porre.

Enquanto mastigo com indolência uma torrada, meu pai entra na cozinha, de rosto sombrio.

Fito-o por uns instantes, esperando que fale comigo, mas ele não quebra o silêncio enquanto se serve de café; eu coço a cabeça por um instante e depois pergunto o que se passa.

Ele me estende o jornal e sai da cozinha.

Portanto, pouco a pouco, acabarei por entender.

Começo a ler as letras uma após a outra, soletrando as palavras como uma criança do primeiro ano.

O jornal é árabe. Não há possibilidade de eu conseguir ler um artigo na sua totalidade, mas, pelo menos, posso tentar ler o título.

Enquanto ainda estou lendo uma letra de cada vez, chega a minha mãe, que olha para mim e me sorri debilmente.

– Não se preocupe com isso.

Depois, antes que eu possa responder.

– Morreu Naguib Mahfouz.

Fico embasbacada por um instante, e depois minha mãe volta a intervir:

– Hoje é um dia triste.

Bebo o meu segundo café em silêncio.

Passo a tarde com o meu pai no jardim, ele saboreia o seu quinquagésimo chá, e eu bebo um suco de laranja. O sol passa preguiçosamente por entre as folhas das árvores e à minha volta paira um silêncio sussurrante, quase irreal, como passos arrastados ou discretas lufadas de vento.

De vez em quando lanço um olhar para a rua, e avisto Tomás atrás da vitrine, deslocando-se por entre os quadros.

Ele passou uma semana sem vir ao trabalho, o que me assustou, pensando que talvez tivesse sido despedido. Depois, finalmente, voltou a aparecer.

Hoje, dia em que morreu o escritor-ídolo do meu pai.

– Podemos dizer que ele deu certa dignidade a todos nós, ou a todos aqueles que têm aspirações lá no Egito. A todos os aspirantes a escritores, jornalistas, estudiosos, cientistas... a todos aqueles que são obrigados a desistir por falta de recursos. Veja só, para conseguir o Nobel de Química, Ahmed Zewail teve de ir para os Estados Unidos. A maior parte dos pesquisadores emigra. O mesmo acontece com todo mundo que ambicione uma carreira melhor. Naguib sempre viveu no Cairo e sempre adorou o Egito. E, sem sair dali, ganhou o Prêmio Nobel.

– É um grande homem.

– Sim, é verdade. Sabe o que é que ele dizia de si mesmo? "Tornei-me um poeta porque comecei como empregado." Sabe que, para não contaminar nem prostituir a literatura, ele se recusou a fazer coisas que poderiam ter feito dele um homem muito rico?

Assenti, dando a entender ao meu pai que compreendo perfeitamente a sua devoção pelo grande Mahfouz.
A verdade é que eu já perdi as esperanças há algum tempo. O Egito, para mim, já se tornou um reservatório vazio.
A criatividade é castigada, o êxito entravado. Toda a vida se desenrola regulada e manchada pela corrupção constante, pelas injustiças e pelos interesses mesquinhos.
Os sonhos são aniquilados.
As instituições são o inimigo.
Favorecem apenas aqueles que se comprazem no exercício do poder e que sacodem a própria responsabilidade, pela miséria e pelo desespero dos pobres, como quem sacode pó da roupa.

Naguib, quando recebeu o Nobel, fez um discurso em que implorava:
"Não sejais espectadores das nossas misérias!"
E mais:
"Eu não digo, como Kant, que o Bem sairá vitorioso no outro mundo. O Bem é uma vitória que se alcança todos os dias."
Sua fé e confiança na civilização ocidental nunca diminuíram.
Pergunto-me como.

Eu, que me sinto tão horrivelmente embrenhada nesta civilização, percebo sua covardia e tenho vergonha da sua inércia, do mesmo modo que sofro pela sua decadência e pelo triste torpor em que mergulha cada vez mais a civilização árabe, para não falar da religião muçulmana.

Noto a sua hipocrisia e por vezes a rejeição em relação a nós, metabolizo pesquisas e entrevistas em que mais da metade da população europeia nos considera incompatíveis com os seus valores, pouco civilizados, antidemocráticos, perigosos.

Suporto, rangendo os dentes, os ataques ferozes e insensatos de jornalistas doentes, cheios de ódio e inchados de orgulho e raiva, talvez excessiva.

Ultrapasso os preconceitos e finjo que não vejo que, na realidade, eles se aprofundam cada vez mais.

E me encho de orgulho dizendo que a literatura mundial perde um dos seus maiores escritores. Embora ele se definisse como "um homem do Terceiro Mundo", e a maior parte das pessoas não conhecesse o seu nome. A literatura mundial perde uma voz, uma ponte, que, de forma talvez impensada e surpreendente, poderia ligar, sem esforço, dois mundos inertes.

Nós e vocês.

Vocês e nós.

Ou nós. Todos.

Alguém me diga
o que devo fazer...

– ... e assim parei de estudar e comecei a trabalhar.

Balanço a cabeça como se fosse a informação mais linda do mundo.

– Fiz algumas coisas, mas não me sentia bem. Trabalhei numa livraria, depois num bar. Enfim, coisas assim. E você?

Dou uma tossidinha. O meu embaraço é notável.

Vamos, Jasmim, exibe aquele sorrisinho tímido que lhe cai tão bem.

– Eu, nada. Sempre só estudei.
– Hmmm...
– Mas já vendi os bolos da minha mãe para obras de beneficência, na escola. Isso vale como trabalho?

Ri com gosto, passando as mãos desenvoltas pelos cabelos.

Eu me fixo numa madeixa que sempre se encaracola diante dos meus olhos, e começo a torturá-la, esperando que, de um instante para o outro, toque o alarme vermelho e chegue o SPC, Serviço de Proteção aos Cabelos, e que o agente de serviço grite em histeria: "Pelo amor de Deus, se você quer conquistar um rapaz, arranje outra estratégia!!!". Fixo então nos meus olhos, o que pode parecer um pouco difícil, mas é assim: um olho se fixa no outro, e depois ambos convergem para o septo nasal, aparentando, no mínimo, que sou estrábica – se não psicopata – com medo de me tornar ainda mais feia do que já sou. Em seguida encaro a ponta dos sapatos novos, muito bonitos, que nem foram tão caros, mas depois me lembro de que olhar para o chão é o gesto típico da mulher submissa e enjaulada. Assim, ergo os olhos com orgulho e o surpreendo a olhar para mim com a testa franzida.

– O que está fazendo?
– Eu? Nada... nada, não fiz absolutamente nada.

Digo de forma precipitada, como que para me absolver da suspeita de distúrbios mentais, mas vejo que ele muda de expressão e se aproxima, preocupado.

Eis senão quando, minhas senhoras e meus senhores, uma nuvem prepotente de sikei-uan (CK One, para os mais exigentes) investe contra mim, provocando dois efeitos contrários e contraditórios:

1. batimento cardíaco acelerado e sudação nervosa;
2. náuseas avassaladoras, sem saber bem se me encontro frente a algo: a) repugnante; b) patético.

Tanto uma como outra opção são pouco agradáveis.

O seu olhar penetrante se fixa em mim e eu desvio o olhar, chamando a garçonete e pedindo qualquer coisa, a primeira que vejo no cardápio (o que acaba por ser um Virgin Mary: horrível).

Lanço-lhe sorrisinhos hesitantes, até que, por fim, ele me interpela:

– Posso fazer uma pergunta?

Meu Deus, não, não me castigues, por favor.

– Eu sempre me perguntei...

Pronto, lá vem a pergunta acintosa.

– ... é verdade que os muçulmanos se casam com até quatro mulheres? Por quê? Qual o problema com a monogamia?

Santa paciência! Não, por favor, não me desiluda assim.

– Não temos problema nenhum com a monogamia.

– Mas...

Odeio esse tipo de pergunta cretina, juro que odeio.

– Tomás, menos de três por cento dos casamentos muçulmanos são polígamos. Por que você está me fazendo uma pergunta desse tipo? É como se eu perguntasse a você por que os católicos espancam as mulheres.

Fica em silêncio, talvez embaraçado.

Ok, eu forcei um pouco a mão, mas estou cansada de perguntas do tipo "As pessoas no Egito têm automóveis?"; "Segundo o Alcorão, as mulheres têm os mesmos direitos que as ovelhas?"; "Por que vocês não podem comer mortadela?"; "Por que as mulheres não podem tirar fotografias?"; "É verdade que cada marido pode dar cem chibatadas na sua mulher, se ela não lhe obedecer?"... E também estou cansada das babaquices escritas por certos jornalistas, do tipo "Profanaram igrejas, estupraram freiras, violentaram mulheres cristãs e judias para trancá-las em seus haréns", como se os soldados romanos tivessem tratado os povos conquistados e os seus prisioneiros com beijos, abraços e bombons (seria o mesmo que eu, para atacar os italianos, enumerasse as "boas ações" de Calígula, Nero e Silas); estou cansada de bobagens do gênero "O Alcorão vê a mulher, sobretudo, como uma parideira" e "Na França, o racismo islâmico, ou seja, o ódio pelos cães infiéis, reina de forma soberana" e "O Alcorão diz que uma mulher não pode sair de casa se o marido não quiser, não pode receber visitas de familiares e amigas se o marido não quiser, não pode participar da educação dos filhos se o marido não quiser", ou maldades do tipo "Apenas um terço dos imigrantes islâmicos pagam impostos, porque nem sabem o que são impostos!" e "Eles se reproduzem como ratos", e, ainda, "O Islã escraviza os seus fiéis, intimida-os e estupidifica-os, mesmo que eles sejam inteligentes"...

Como se eu tivesse de estar constantemente alerta, pronta a defender uma civilização inteira de acusações injustas e cheias de ódio e ignorância, como se fosse um fenômeno ambulante.

A essa altura não tenho mais a menor vontade de continuar conversando com Tomás. Nem de beber este repugnante Virgin Mary.

— Olha só, me desculpe. Eu não queria ferir a sua sensibilidade.

Pronto, ainda pior. Agora saco meu fuzil AK-47 e faço uma matança.

— Não, imagine, eu é que sou muito esquentada. É que esse é o tipo de coisa que me perguntam milhões de vezes, entende?

– Certo, eu entendo.

Naturalmente, AGORA me entende.

– Bem, e a sua família, de que tipo é?

– Em que sentido?

– Quero dizer, são muito religiosos? São mais abertos, ou... De mal a pior.

– São normais.

– Como assim, normais?

– Tem razão, normal não quer dizer nada. A normalidade não existe, né? Portanto, também não existe o estranho nem o diferente. Certo?

Ele me encara por um instante, com uma expressão que diz "Será que ela é psicopata?".

Que vontade de me levantar, tomar o Virgin Mary pelo nariz e dizer "Sim, sou maluca, sou completamente passada da cabeça! E também sou muçulmana! Uma combinação aterradora, não é verdade?"...

Em vez de explodir, sorrio com diplomacia, à espera que ele diga alguma coisa.

Há uma jukebox no bar, alguém coloca Corinne Bailey Ray para tocar; maravilha, penso eu, agora me atiro no chão e começo a me autoflagelar.

– Não sei, acho muito relativo.

– Ah, você ainda está acordado?

Olha para mim, atônito.

– Sabe por que sou mal-humorada? Porque não me sinto à vontade. Quando me fazem sentir assim, fico mal-humorada...

– E por que você está pouco à vontade?

– Porque detesto ser objeto de curiosidade estranha e boçal. Detesto sair com alguém pensando que vamos conversar calmamente, e de repente ter de responder perguntas do tipo "por que aqueles muçulmanos toscos se casam com quatro mulheres?".

É evidente que este encontro – caso ainda não estivesse bem claro –, está definitivamente arruinado.

Mas juro que tinha as melhores intenções do mundo.

Tomás me conquistou só por vir bater na minha porta.

Eu abri, e desta vez devo admitir que estava bonita. Eu estava me preparando para sair, com o cabelo arrumado, camiseta nova, maquiagem e rímel nos olhos, perfume de flor de lótus.

A primeira coisa que eu disse ao vê-lo foi, justamente, a primeira que me ocorreu:

– Sabe que neste momento você está arriscando a sua vida, não sabe?

Ele sorriu, e ficou lindíssimo, claro.

– Não, não sabia. Ou seja, agora fiquei sabendo.

– Meu pai está a caminho. Dentro de cinco minutos estará aqui.

– Só preciso de dois.

– Então diga.

Fez-se um silêncio envolvente, intrigante, e depois ele comentou:

– Você está cheirando a... coco... é bom.

– Não é coco. É flor de lótus. Um dos símbolos mais frequentes na iconografia hindu. Simboliza a autocriação ou a autoexistência. E, segundo os egípcios, Rá, que criou a terra a partir do caos, nasceu precisamente do botão de uma flor de lótus.

– Bem, para mim parecia coco... desculpe.

Rimos, e depois voltamos a ficar sérios.

– Você está de saí...

– Estou.

Rimos de novo.

– Amanhã à noite pode ser?

– Espere.

Vou até à cozinha, pego uma caneta e volto para junto dele, sorrindo.

– Dá a sua mão.

Ok, eu podia ter pegado um pedaço de papel. Mas vi isso em muitos filmes e, no meu entender, dá um ar de "*femme fatale*".

Escrevo o meu número do celular na palma da mão dele e depois digo:

– O meu pai está atrás de você. Ele está com uma metralhadora na mão.

Vira-se de repente, assustado. Eu desato a rir.

– Muito divertido.

Encolho os ombros e depois digo, com um leve sorriso:

– Então, me liga...

Ele faz que sim com a cabeça e se afasta, andando para trás. Sem parar de me olhar. Eu, entretanto, vou derretendo lentamente até o chão e, com uma pá e uma colherzinha, tento recolher o que ainda se pode salvar.

Bem, estas preliminares pareciam ser o máximo. Ele me ligou na mesma noite e combinamos tudo.

Eu saí de casa, na noite seguinte, com o coração acelerado e uma mentira nos lábios.

— Aonde você vai, Jasmim?
— Vou sair com a Leila, mamã.
— Sozinhas?
— Não, vamos nos encontrar com a Diana.
— E por que a Leila não veio encontrar você aqui?

"Porque está cansada de você, mamã."
Naturalmente, guardo esta resposta para mim, mas penso nela com tanta intensidade que quase me parece ter dito.

— Ah... ela tinha qualquer coisa para fazer e, por isso, para ganhar tempo...

Olha para mim carrancuda. Eu sustenho o seu olhar com um sorriso irritante.

— Você vai de carro?
— Se você não se importar, eu vou.

– Bem, então não chegue tarde.
– Fique tranquila.

Já estou de saída quando meu pai se precipita para fora da sala e me pergunta:
– Aonde você vai, Jas?
– Vou sair com a Leila, papá.
– Então eu levo você.
Raios me partam.
– Não precisa, papá, eu vou com o carro da mamã.
– Não, não, o freio está ruim, não vou deixar você dirigir. Fico mais sossegado se eu levar.
Faço uma última tentativa, extrema:
– Mas, depois, como é que eu volto?
Intervém a minha mãe, triunfante:
– A Diana vai estar com você, não?
Trocamos um olhar de desafio.
– É verdade, é verdade...
Respondo gaguejando um pouco e tentando conter as labaredas de fogo que me saem pelas orelhas.

Saímos. Meu pai me acompanha até o centro conversando sobre tudo e sobre nada, satisfeito por cumprir o seu dever de pai. Eu, preocupada, olho à minha volta, pensando em como resolver a situação. O celular toca. É o Tomás. E, agora, o que é que eu faço? Não atendo. Meu pai fica surpreso.

– Por que não atende, Jasmim?

Mais esta agora... A noite vai por água abaixo, ou o quê? Atendo.

– Alô?
– Oi, Jasmim.
– Oi.
– Eu já cheguei no bar. Você vai demorar muito?
– Não.
– Já está perto?
– Claro, querida.
– Querida?
– Hahahaha... você me mata de rir, Leila!
– Jasmim... está tudo bem?
– Sim, tem razão, eu também disse para a Didi, mas você sabe como ela é, não...
– Didi? Tem alguma coisa errada?
– Ok, então nos vemos lá. Tchau, Leila.
– Mas...
Clic.

Chegamos ao Duomo, meu pai me deixa e eu, como uma cretina, ligo de volta para o Tomás.

– Alô?
– Oi, Tomás.

– Oi, eu liguei para você agora há pouco, mas não sei se era com você que eu estava falando...
– Eu já explico. Pode vir me buscar no Duomo?

Depois de quinze minutos ele apareceu. Fomos para o bar, e até o meio da noite tudo correu bastante bem. Depois começou a desabar, como já vimos.

Depois da história das quatro mulheres etc., ficamos ali ainda mais dez tristíssimos minutos e, a seguir, Tomás me acompanhou até em casa. Peço que me deixe duas casas antes da minha.

Ele concorda, mas parece estranhar.

– Então, a gente se fala?
– Claro. Boa-noite.

Fecho a porta.
Mais um que fica de fora.

Enquanto me encaminho para casa, pergunto-me sobre o que tenho de errado.

Talvez não seja nada. Ou talvez seja tudo. A verdade é que não consigo encontrar a pessoa certa. Eu precisava...

– ... precisa de um meio-termo, Jas.
– Ou seja?
– Ou seja, precisa de alguém que não precise fazer perguntas estúpidas, mas que também não precise combinar com a sua

mãe para se encontrar com você. Alguém que compreenda você, que não se surpreenda por não poder acompanhar você até a porta de casa, mas que também não se faça de seu dono, como Shedi. Alguém que seja exatamente o meio-termo, como você.

– Fantástico.

– Por quê?

– Onde é que eu encontro alguém assim?

Leila encolhe os ombros.

Devo admitir que ultimamente ela anda fantástica. Ontem à noite aquela raposa da minha mãe ligou para ela perguntando a que horas íamos voltar. Leila estava no banheiro depilando as pernas e ouvindo Madonna. Mas ela não é do tipo que cai nesse tipo de armadilha.

Limitou-se a responder:

– Voltamos cedo, não se preocupe.

Depois me ligou, dizendo:

– Onde quer que você esteja, vê se não demora. Ou a sua mãe vai vir atrás de mim.

Voltei para casa com um sorriso inocente e depois lancei um olhar hostil à minha mãezinha.

Fiz um chá de menta e na manhã seguinte Leila me arrancou da cama, rangendo os dentes e gritando:

– Agora você vai me contar tudo, sua farsante!

E então eu contei a grande desilusão com Tomás. Ela tentou me animar.

— Ah, Jas... Isso é supernormal. Rapaz bonito igual a grande idiota, rapaz médio igual a inteligência superior.

— Bem, de vez em quando a gente se ilude, pensando que pode existir alguma coisa que saia do lugar-comum.

— Mas por quê?

— Em primeiro lugar, porque nós somos exemplos gritantes e concretos do oposto ao lugar-comum! Porque nós sabemos mais do que qualquer um como o preconceito é insano e discriminatório...

— Não, não sabemos. Acabamos sendo preconceituosas também, sem nem percebermos.

— Isso não é verdade.

— Ah, não? Então diga o que é que você pensou do Tomás da primeira vez que o viu?

— Que ele era o homem da minha vida.

— E por quê?

— Bem, porque... porque...

— Porque é lindo.

— Não! Ou melhor, sim, é lindo, mas não é por isso que... mas, que droga, o que é que isso tem a ver?

— Preconceito positivo. E agora diga: o que é que você pensou do Yusef quando o viu na sua cozinha?

— Que era um babaca.

— Preconceito negativo.

— Ah, não vem não, desta vez você está enganada. Preconceito igual ideia anterior ao conhecimento direto dos fatos ou das pessoas. Neste caso, eu conhecia perfeitamente tanto a pessoa como o fato, ou melhor, o crime. Eu julguei Yusef pelas suas ações, não por aquilo que ele é.

– Isso não é verdade. Você sabe que, bem lá no fundo, o motivo não é esse. Yusef materializa todos os seus medos e as suas angústias, representa o mundo de onde você quer escapar, mas ao qual, no fundo, pertence. Tomás, pelo contrário, simboliza o mundo diferente, onde gostaria de se aventurar, mas que, na realidade, não consegue aceitar você plenamente, porque, paradoxalmente, a vê como uma pessoa diferente dele.

Fico embasbacada. Sim, isso mesmo.
Não imaginava que Leila pudesse ser tão profunda.

– Mas sabe qual é o perigo, Jas? Que acabe por não ser verdadeiramente aceita por ninguém. Corre o risco de ficar presa no meio do nada. No fundo, aqui nunca ninguém vai ver você como italiana. E, se continuar bancando a metida e a criticar as tradições e a forma de pensar dos árabes e dos muçulmanos em geral, eles também começarão a ver você como uma pessoa diferente. E assim será diferente de todos.

– A diversidade não existe, Leila... assim como não existe a normalidade.

– Está mentindo.

Sim, é verdade, estou mentindo. Quantas vezes me senti desgraçadamente diferente? Quantas vezes notei o mal-estar nas pessoas, ou o mal-estar em mim, a incapacidade e a impossibilidade de fazê-las entender plenamente quem eu sou?

Quantas vezes disse para mim mesma "como eu gostaria de um dia acordar no meio de uma bela família italiana, igual a todas as outras que existem à minha volta. Ou, ao contrário, numa bela família egípcia, no Egito... mas, pelo menos, igual às outras?".

E quantas vezes minha mãe disse para não me envergonhar de ser quem eu sou?

A realidade é que eu não tenho vergonha, mas não consigo me aceitar completamente.

Estou sempre ali, ansiosa pela integração perfeita, pela assimilação total. Sem me dar conta de que, no fundo, isso talvez seja uma miragem distante. Você se esforça e faz de tudo para se aproximar dela, mas quanto mais se aproxima mais perde alguma coisa de si mesma, e ainda que a miragem pareça cada vez mais próxima, você nunca consegue chegar lá.

E a única solução, no fim, continua a ser voltar para trás. Quando percebe que nunca chegará à meta, você dá meia-volta. No entanto, quando se vira de novo para olhar para ela, já não está mais lá, porque, na realidade, talvez nunca tenha estado.

Eu não gostaria de viver correndo atrás de uma miragem. Perderia parte de mim.

Um dia...
ainda me tornarei alguém

Acredito

sempre acreditei

que deve haver alguma coisa especial em mim.

E sou especial porque sei que sou uma pessoa qualquer.

Uma pessoa qualquer no meio deste oceano de pessoas anônimas que acham que são Alguém.

Quem encontra um amigo encontra muito mais do que um tesouro

Olho para ela, e ela olha para mim.

Em seguida eu volto a olhar para ela, conduzindo o jogo do nosso constrangimento.

– E aí, Jasmim? Como você está? O que tem feito de interessante?

De interessante nada, grande babaca.

É claro que não respondo assim.

– Estou bem, Shedi. Não tenho feito nada de especial. E você?

– Recebi uma boa proposta de trabalho. Estou pensando se devo aceitar.

Fala em tom pomposo, inchando o peito como um orangotango.

– Bem, espero que você tenha sorte.

Quero dizer que espero que ele acabe na boca de um lobo, vaidoso de uma figa.

– Assim espero.

Amém.

Amira toma a sua raspadinha pelo canudinho. Parece uma criança participando de uma conversa de gente grande, ouvindo e observando com curiosidade.

O orangotango me observa, como se quisesse ver se eu depus ou não o machado de guerra.

Creio que ele percebe que eu ainda o empunho com firmeza.

Então ele desembainha um machado com a lâmina em zigue-zague e me escalpela os cabelos, exclamando, "*Voilà ma chérie!*" e, por fim, dá o golpe de misericórdia, arrancando o meu o nariz.

Amira toma a sua raspadinha, despeja o resto em cima de mim e despede-se acenando.

Ele a toma nos braços e a leva embora, enquanto ela o beija e mancha sua camisa de batom vermelho.

– ... nunca esteve lá, Jas?

– Oi? O quê... quando?

Amira e Shedi olham para mim ao mesmo tempo, e a minha viagem mental é bruscamente interrompida. Em retrocesso rápido, a raspadinha volta a entrar no copo, os meus cabelos voltam para o topo da cabeça (não muito melhores, na realidade), o machado volta a esconder-se no bolso de Shedi e a mancha de batom some da camisa do orangotango.

– Onde, desculpa?

– Como onde? Na loja de que eu estava falando... aquela loja fantástica, que abriram no centro, de mobiliário estilo árabe. Há biombos em estilo antigo, armários estilo arabesco, tapetes faraônicos... é maravilhosa. Ainda faltam umas coisinhas para nossa casa. Estou pensando em ir lá comprar. Vem comigo?

– Está bem. E o oran... hmmm... e Shedi?

Coloca a mão no bolso. Pronto, agora ele me mata. Sigo o movimento lento da sua mão. O batimento do meu coração só desacelera quando o vejo tirar um lenço e assoar ruidosamente o nariz.

– Eu confio nela. Amira tem um ótimo gosto. Compramos juntos praticamente tudo, os acessórios eu deixo de boa vontade por conta dela. Da minha mulherzinha...

Segue-se cena melada, beijinho de vovó no seu netinho, beliscõezinhos na bochecha e quatro olhos embevecidos de amor que me encaram.

– Bem, claro que acompanho você. É só dizer quando quer ir.

Ele fica ali nos chateando por mais alguns minutos. Depois se levanta, finalmente, e dirige-se à Amira, em tom meloso:

– Pequenina, eu venho buscar você mais tarde. Dá um toque quando tiver acabado.

Quando tiver acabado??? Como se fosse uma simples ida ao supermercado ou de uma escova no cabeleireiro. Caramba, será que ele a deixa sozinha por alguns instantes? Ou será que a controla o tempo todo, Santo Deus?

– Shedi é muito gentil.

– Sim, eu notei. Até demais, né?

– Imagine, Jas. É normal. Ou seja, acho que todos os maridos são assim nos primeiros meses. É o gosto de ter uma mulher inteira só para si, uma vida a construir juntos, responsabilidades a partilhar. No começo dá uma sensação inebriante, quase de euforia.

– E depois?

– E depois o quê?

– Quero dizer, depois de algum tempo não fica chato tanta meiguice, tanta melação?

– Não. Isto é, por enquanto não, mas de qualquer modo tenho certeza de que dele eu nunca vou enjoar. Por ele, até fazer um chá ou passar uma camisa é agradável.

– E os deveres conjugais? Eles também são agradáveis... sempre que ele tem vontade?

Amira faz uma careta irritada. Oops. Talvez eu tenha exagerado.

– Olha só, Jasmim, eu vou explicar uma coisa. Você não sabe absolutamente nada da minha vida de casada.

– Porque você não...

Levanta a mão para me interromper.

– Pssst. Não quero brigar, mas quero que você entenda. Aquilo que você, que todo mundo vê, é a aparência. Aquilo que nós parecemos vistos de fora. Quando uma mulher casa, logo começa a entender quais são as necessidades do seu marido. No caso de Shedi, mas não só dele, é ser respeitado, estimado... dar a impressão, aos seus familiares e amigos, que tem uma mulher meiga e solícita, pronta a satisfazer certos desejos e a reconhecer o seu papel de chefe da família.

Tento rebater, com desgosto, mas ela repete o gesto da mão e eu me calo, com um pouco de medo, por estranho e incrível que pareça.

– Contradizer o meu marido ou responder de forma ríspida diante dos outros seria incorreto e indelicado. Porque ele não quer que os outros pensem que ele é um homem dominado pela mulher, ou incapaz de se fazer respeitar e amar por sua mulher através do afeto e da sensibilidade. Mas depois, aquilo que acontece de verdade quando a porta de nossa casa se fecha, é outra coisa. É outra história. Discutimos, e eu tenho todo o direito de discordar, de me ofender, de não partilhar as mesmas ideias que ele, de tomar as decisões junto com ele. Foi ele que durante a lua de mel me levou o café da manhã na cama todos os dias, e não eu. Fui eu que escolhi o apartamento e que o mobiliei. Ele está no meu nome. Fui eu que escolhi onde passar a lua de mel. Fui eu que decidi que ainda é cedo para ter um bebê. Fui eu que decidi quando devíamos ir visitar a família dele e a minha. Sou eu que decido quando devo ir fazer compras e quando devo passar o dia com ele. E, finalmente, Jasmim... fui eu que decidi parar de estudar.

Estou perplexa demais para falar. Contudo, esta última frase não me deixa indiferente.

— Você vai parar de estudar?

— Sim, por um tempo. Eu não quero deixá-lo sozinho. Quero tornar este nosso primeiro ano de casados inesquecível. Se eu não engravidar nos próximos meses, talvez eu faça alguns exames. Mas, no momento, não estou pensando nisso.

— Mas, Amira... e a carreira... o trabalho... a liberdade e a emancipação...?

— Não sei quem é que disse que a emancipação está estritamente subordinada ao trabalho. Às vezes, pelo contrário, é a carreira que nos pode escravizar. Jasmim, desde que encontrei o homem que amo, a única coisa que eu quero é fazê-lo feliz e ter filhos com ele. Se ele tiver condições de sustentar a casa sozinho, eu aceito numa boa. Se eu tiver de passar a vida cozinhando e educando os meus filhos, também aceito numa boa.

Pronto, agora estou completamente boquiaberta. Bebo o meu suco de laranja olhando para o nada, como uma pateta.

Quer dizer que Amira está feliz. E que nem todas as moças muçulmanas morando no Ocidente têm como máxima ambição conquistar o mundo e mostrar a todos que querem fazer um trabalho brilhante, ser independentes e ganhar muito dinheiro. E que uma moça que parece a perfeita mulherzinha submissa, atrás da porta de sua casa talvez se transforme numa amazona que gere como uma matriarca cada aspecto da vida do casal.

Às vezes eu fico sem entender nadica de nada...

— E quero mostrar uma coisa. Isto foi o que nós escrevemos nos convites do casamento. Mas talvez você não tenha percebido.

Pega um bilhetinho, com algumas palavras escritas à mão. Leio:

Contudo, haja espaços na vossa união, de tal modo que os ventos celestes possam dançar entre vós. Amai-vos um ao outro, mas não transformeis o amor em escravidão: seja antes um mar que se move entre as margens das vossas almas.

Khalil Gibran

Morta com farofa.

E fique sabendo:
o perdão é a maior das qualidades

– Ok, *mater, veniam te do.*
– Quê?
– Ok, mamã, eu perdoo você.

Não, não se trata de uma tentativa patética e pretensiosa de atordoá-la. Simplesmente, voltei a abrir os meus cadernos do Ensino Médio. Em vez de seguir a aula de Latim, eu e Amira inventávamos sempre algumas frases. E uma delas saltou-me à vista: *Memento veniam maximam virtutem esse.* Eu devia ter feito alguma maldade à Amira, e agora tentava de todos os modos obter o seu perdão. E assim pedia-lhe *veniam* até em latim.

Agora isso poderia tornar-se útil para mim. Minha mãe adora que eu faça as pazes com ela.

– Você me perdoa de quê?
– Pela história de Yusef e por todo o resto.
– Todo o resto?

Odeio quando ela se agarra a cada palavra.

– Mamã, é maneira de falar. Pela história de Yusef e pronto, está bem?

— Mas o que acontece, sonhou que Deus ia castigar você? Ou será que se cansou do rapaz dos quadros?

Ela é fogo! É mesmo uma espertalhona! Nunca se pode esconder nada dela.

— Não, não é isso. Sabe, é que me lembrei de um personagem dos Smurfs. Aquele que estava sempre dizendo "Odeio isto", "Odeio aquilo"... É isso, não quero ser como ele.

— Está querendo me dizer que mudou de ideia por causa de um desenho animado? Por causa dos Smurfs, ainda por cima?

— Não devia se sentir menosprezada. Todo mundo sabe que a aldeia dos Smurfs é uma loja maçônica e que Gargamel é um leigo, que não pertence à maçonaria e quer extorquir os segredos deles. Resumindo, tem uma profundidade que você nem imagina.

— Sim, sim, Jasmim.

Faz uma cara entre o indiferente e o resignado e continua zapeando na TV.

— Mamã, não adianta ficar passando de canal em canal. Faz muito tempo que não há nada que preste, nem nos canais pagos.

— Tenho sempre a ilusão de que vou encontrar algum programa interessante.

Muda e começa a zapear entre os canais árabes. Pior ainda. Só novelas com meninas cobertas de maquiagem, a versão árabe de *Quem quer ser um milionário?*, videoclipes idiotas de modelos libanesas seminuas e sedutoras, que fingem ser cantoras.

– E, então, o que é que você quer?

– Nada, só quero pedir desculpas.

– Ok, desculpas aceitas.

Tento olhar em seus olhos e descobrir se está sendo sincera. Acho que ainda consigo notar alguns resíduos de mágoa.

– Mamã...

– Hã?

– Como vai Yusef?

Os seus lábios se comprimem numa careta tipo "o que é que você está planejando...?".

– Está bem.

– Ok.

Ficamos caladas por um momento. Constrangedor, diria eu.

Minha mãe para num canal musical que transmite o videoclipe de uma cantora. Libanesa, naturalmente.

No começo do videoclipe, num estabelecimento público, um rapaz presunçoso fala com a cantora, enquanto ela serve as mesas. Ela levanta o avental e sai, aos prantos.

Segue-se uma cena em que a moça encontra um rapaz forte. Vítima número um. Leva-o ao altar e depois foge. A cena se repete com mais dois rapazes. O videoclipe acaba.

Talvez Israel tenha visto este videoclipe e tenha decidido que chegara o momento de fazer uma limpeza no país.

Ironias à parte, não consigo entender como é que Beirute pôde ser atacada assim. Era o último país árabe em que eu teria pensado. Esperava uma guerra com o Irã, ou com a Síria ou até com o Egito. Nunca com o Líbano. Os mais laicos, os mais ocidentalizados, os mais "nós cuidamos da nossa própria vida".

Agora quase parece que o Líbano inteiro está tomado pelos hezbollah.

Mas os mortos, entre os escombros, não eram hezbollah. Eram crianças, mulheres e homens. Civis.

As estradas, as pontes, o aeroporto, não eram sedes dos hezbollah, mas sim lugares onde civis, como as aspirantes a cantoras cheias de silicone, levavam uma vida normalíssima.

Não entendo, principalmente, como é que a opinião pública pôde permanecer impassível e ver tudo aquilo como um acontecimento qualquer, como alguma coisa que já era esperada, no contexto de um Oriente Médio – sempre e por qualquer motivo – em guerra, por definição. Como que confirmando tal verdade, de vez em quando há uma matança entre os palestinos, às vezes um atentado em Tel Aviv, e agora centenas de mortos libaneses... mas é verdade, não há nada de novo.

– Jasmim? Você está aí?
– Oi... sim, desculpe. Estava pensando que é absurdo que Israel tenha bombardeado o Líbano... ou seja, as pessoas estão completamente doidas. Bombardeiam de um lado e de outro, sem parar.
– O conflito vem de longa data, Jasmim.
– Sim, mas é preciso superar isso! Não se pode bombardear uma cidade inteira só porque dois soldados foram raptados.

Não se podem lançar bombas de fragmentação como se fossem caramelos, não se pode... ou seja, quero dizer...

Ficamos caladas por um instante. Al Jazeera continua a transmitir imagens terríveis. Mostram crianças mortas e outras perambulando pelas ruas devastadas. Desvio o olhar.

Minha mãe desliga a televisão.

– Não, mamã, deixe ligada.
– Você fica impressionada.
– Está bem, mas se estas coisas acontecem, não podemos fingir que não aconteceu nada só porque ficamos impressionadas.

Depois de algum tempo é a minha mãe que fica triste. Desligamos de vez a televisão.

Então ficamos olhando uma para a outra. Ela esboça um sorriso. Eu a observo.

Não é um ser híbrido como eu, tem sua identidade bem definida. Emana certezas de cada poro.

É a minha janela sobre o mundo. Embora às vezes calce sapatos horríveis. Antifemininos.

– Então, o que é que você quer? Voltar a ver Yusef?

Lá vem ela.
Reflito por um instante.

– Não, não quero que me arranje um encontro, nem nada desse gênero. Só estou dizendo que já não estou com o pé atrás. Se surgir uma oportunidade, não vou me manter a uma distância de segurança. Vou tentar conhecer ele melhor. De acordo?

– E o que é que fez você mudar de ideia?

Sorrio. A explicação poderia se tornar embaraçosa.

– Nada. Não mudei de ideia, apenas estou ampliando meus horizontes.
– Claro.

Olhamos uma para a outra. Ela está tirando sarro de mim, e eu sei que ela está tirando sarro, e ela sabe que eu sei que ela está tirando sarro etc., e, principalmente, eu sei que ela sabe que eu sei que ela está blá, blá, blá.
Irresistível.

– Explique só mais uma coisa...

Debruça-se para mim e me olha fixamente nos olhos.
Atacar para se defender.
Precedo-a.

– Mamã, não se mexa. Fique completamente imóvel.
– Eu? Por quê? Não, por favor, não me diga que tem um bicho em cima de mim, um inseto... uma aranha... um...

– Não, mamã, pior do que isso. Uma espinha.

Levanta os olhos ao céu.

– Mamã, por favor. Eu já disse mil vezes que não gosto quando você anda por aí com espinhas. Não fica nada bem.

– Jasmim...

– Por acaso você está menstruada?

– Estou.

– Santo Deus, mas quando é que você vai decidir entrar na menopausa? Precisa começar a envelhecer, você é mãe de uma moça que já está quase formada, pelo amor de Deus!

– Não blasfeme.

– Não é uma blasfêmia, mamã. A sua espinha é que é uma blasfêmia. É uma afronta ao Senhor que fez você tão bonita. Vamos, aproxime-se.

Ela obedece, docilmente.

Adoro vê-la assim, frágil e vulnerável.

– Jasmim, se você apertar, depois...

– Já foi.

Levanta-se e vai ao banheiro para ver como ficou, e começa a lamentar-se. Ouço-a protestar por ter uma filha obcecada por espinhas. Uma filha maluca, obcecada por espinhas, diz ela.

Volta e olha para mim.

– Eu sei que você está tentando me distrair. Mas tem de me explicar uma coisa.

– Desembucha.

– Por que é que você saiu às escondidas com aquele rapaz?

Fico petrificada.

Ela é fogo! Por que é que não consigo esconder nada dela? Que raio de aparelho ela tem no lugar do coração, um radar? Por que fracasso sempre, de forma miserável?

Será que eu também vou ser assim, quando for mãe? Minhas orelhas crescerão, o meu olfato melhorará, o radar será autogerado e também eu serei uma mãe tipo 007? Ou, então, participarei de um curso secreto de supermães?

Sim, deve haver um curso desse tipo. Porque, do contrário, não há explicação para que todas as mães digam sempre as mesmas coisas, e lamentem-se todas do mesmo modo. Como se recitassem um roteiro certificado.

Sim, caramba. Certificadas. Elas são certificadas.

– Jas, quer fazer o favor de me responder?

Chegou a hora da verdade.
Mas eu não sei o que responder.
Vejamos: a verdade, nua, crua e desestabilizante?
Ou uma meia-verdade, igualmente crua, mas menos desestabilizante?
Ou um terço da verdade, cozida "*al dente*"?
Ou ainda a verdade camuflada, do tipo "ele é amigo da Leila, e eu fui me encontrar com ele para ajudá-los a se verem".
Bem, esta é uma verdade pérfida, porque assim estaria traindo a coitada da Leila.

Meu Deus, que dilema.

Continua a me encarar.

Abro a boca, sem ter a menor ideia do que dizer.

E depois sou abençoada. Toca a campainha. Meu pai chegou.

Beijinho na minha mãe, beijinho em mim, as minhas mulherzinhas, estou morto de fome...

E eu fujo para o quarto. Salva no último instante.

Estamos habituados demais a renunciar aos nossos desejos

Desejo significa qualquer coisa tipo... isso, uma coisa que se pode ir buscar no meio das estrelas.

O desejo é uma espécie de modo pelo qual uma pessoa lê as constelações para se orientar. É uma coisa maravilhosa.

De certo modo, uma pessoa fabrica os seus desejos sozinha, estica-se até alcançar as estrelas e depois escolhe o seu. E leva consigo. Por isso, a partir daí, ficamos indissoluvelmente ligados aos nossos desejos, quero dizer, depois de todo o trabalho que uma pessoa tem para tentar pegar o seu desejo, não pode largá-lo como se não fosse nada...

Os desejos são frágeis.

E devem ser defendidos... sempre.

O pior é quando alguém se esquece deles. Ou quando os deixa de lado.

Como se eles fossem coisas velhas, que já não prestam.

Mas (e isto é que é fantástico), os desejos nunca envelhecem.

Ou melhor, às vezes ficam maiores e mais fortes, conforme você vai vivendo e vai fazendo tranquilamente as suas coisas.

Eu desejo que a minha mãe deixe de usar sapatos feios.

Que Shedi deixe de se parecer com um orangotango... para o bem da Amira.

Desejo que Diana perceba que eu sou diferente, e que não me trate como se eu fosse uma freira, porque não sou.

Desejo que a mãe de Yusef se desfaça daquele vestido horrível que usou no casamento. Aquele com a faixa vermelha na cintura.

Que a minha celulite desapareça.

Que também desapareçam os reality shows.

Desejo que os pelos não cresçam mais.

Desejo que as aplicações de lama funcionem ao menos uma vez. E que a celulite desapareça realmente, como já desejei acima.

Que o Roberto Benigni se torne primeiro-ministro.

Que a Nutella passe a ser hipocalórica e que os endocrinologistas a recomendem para emagrecer.

Que no meu futuro, improvável, mas sempre possível casamento, o meu fantástico marido não queira uma dançarina do ventre. Por sua própria vontade.

Que eu não pise mais em cocô de cachorro quando ando na rua. Especialmente quando estiver indo a um casamento. Especialmente quando estiver usando sapatos de outra pessoa.

Que Leila não tire sarro de mim por eu ser desastrada com os rapazes.

Que a minha mãe pare de repetir o meu nome no fim das frases.

Que eu escolha, ao menos uma vez na vida, uma mexerica boa.

Também desejo coisas sérias.

Desejo que Israel pare de matar.
Que o Hamas pare de matar.
Desejo que os palestinos tenham uma terra e uma vida... de verdade. Não como a de agora.
Desejo que Michael Moore se torne presidente dos Estados Unidos por algum tempo. Então veremos se alguma coisa pode mudar.
Desejo que os chefes árabes caiam em si. Que recuperem um bocadinho daquele Pan-Arabismo com que Gamal Abdel Nasser sonhava.
Que ponham a mão na consciência e olhem à sua volta questionando: "O que é que estamos fazendo deste mundo?", e que tenham coragem de tentar mudar alguma coisa.
Desejo que no Egito desapareça a corrupção e que a instrução, a política e a liberdade de expressão melhorem. Ou melhor, que voltem a nascer.

Desejo que os mortos libaneses sejam os últimos mortos no Oriente Médio. Que nunca mais haja bombardeios. Que nunca mais sejam lançadas bombas de fragmentação.
Desejo que os talibãs não consigam se reorganizar no Afeganistão.
Que o Iraque volte a nascer.
Que os Smurfs inspirem a reorganização de muitas sociedades muçulmanas. Das sociedades muçulmanas mais integralistas.

Que a ONU desperte um dia e se pergunte: "O que estamos fazendo aqui?", e finalmente arregace as mangas.

Que alguém me compreenda.
Que todos me compreendam.
Que os outros me olhem e vejam quem eu sou, sem se espantarem.
Que os mil Tomases que estão por vir não me façam perguntas idiotas.
Que os jornalistas furiosos não cuspam veneno sobre nós, e que as pessoas não sejam racistas, intolerantes ou medrosas, nem deem ouvidos a jornalistas furiosos.

Desejo acordar um dia e sentir que faço parte de alguma coisa, que eu seja aceita, e que eu também a aceite; desejo saber que posso levar uma vida "híbrida" sem me sentir estranha, que posso continuar no meio-termo, sentindo-me bem por estar aí, porque os outros me fazem sentir bem, porque os outros, de repente, compreendem a necessidade avassaladora que guia os meus dias, dia após dia,
os meus banais, entediantes dias
um após outro
quando eu
com ironia
me defendo do mundo.

Uma avalanche de más notícias

Estou num período negativo. Posso declarar oficialmente.

Passam-se séculos inteiros sem que aconteça nada, ou então, ainda melhor, passam-se séculos em que só acontecem coisas maravilhosas.

Depois, de repente, certo dia uma pedra cai na sua cabeça.
No segundo dia, outra.
No terceiro dia, mais uma.
E, depois, os escombros desabam sobre você.

Meu pai está mergulhado em revistas que dedicam a edição inteira à vida e às obras de Naguib Mahfouz.
O seu modelo já não existe. O seu maior herói e senhor do mundo, sobre o qual ele podia projetar ambições, esperanças e desejos, tornou-se uma ideia abstrata, cada vez mais mítica, mas mesmo assim abstrata, distante, objeto de nostalgia.
E eu, depois de ter desafogado a minha fúria e o meu desapontamento, depois de ter orientado a frustração e a impotência e a impossibilidade de me defender contra aquela que eu considerava inimiga da minha civilização, fico imóvel, chocada, incapaz de falar.

"Que está fazendo, Jasmim?", ou então, "Reaja, Jasmim", diria a minha mãe.

E depois voltaria a se dedicar, tranquilamente, às suas amáveis panelas, aos seus inimigos cotidianos, como a velha girafa, Tomás-o-rapaz-que-quase-virou-a-cabeça-de-sua-filha--mas-que-por-sorte-isso-não-aconteceu, às velhas comadres que julgam a sua filha por ela não usar véu, aos cretinos que julgam que, como mulher muçulmana, ela é certamente submissa ao marido...

Em vez disso, sinto um estranho vazio que não consigo preencher, enquanto leio as palavras de quem diz tratar-se de "uma grande perda", ou de quem, como Dario Fo, separa a dor da desavença.

Defender quem eu sou torna-se mais imediato e natural enquanto à minha volta pululam "inimigos" que passam o tempo difamando aquilo que eu represento, generalizando de forma obtusa, provocando os intolerantes.

O fato de quem desprezou tão profundamente a minha identidade ter partido assim, sem a possibilidade, não digo de "arrepender-se" (porque o arrependimento, ela diria, é coisa de gente "fraca", e isso ela nunca foi), mas de receber uma resposta digna por parte de alguém que represente fielmente a nós, os moderados, os do meio-termo, os que não dão audiência...

O fato de Oriana Fallaci ter morrido agora, assim, me deixa sem fôlego e sem palavras.

Sou arrebatada injustamente por um modelo – não como Naguib Mahfouz, o herói admirado durante cinquenta anos pelo meu pai –, aquele modelo de quando, ainda criança, sonhava me tornar jornalista, o sonho que, ainda antes de tentar ser advogada, me incitava a ser também grande, enorme, e que recentemente me incitava a difundir o conhecimento daquilo que represento. Daquilo que sou.

Um dia haveremos de nos encontrar face a face, e espero poder tirar o ódio do olhar dela.

E, como diria a minha mãe, repouse em paz, pelo menos agora, Oriana.

Nota do Editor

Apesar de seus desejos otimistas, Jasmim não podia prever o que estava para acontecer em sua vida, muito menos no Oriente Médio, que continua a ser uma das regiões mais conflituosas do mundo.

Em novembro de 2006, Saddam Hussein, ex-presidente do Iraque, deposto durante a III Guerra do Golfo, foi condenado à morte e enforcado, em dezembro do mesmo ano, após ter sido localizado e preso em 2003, em uma ação conjunta de tropas americanas e rebeldes curdos. Isso não significou, porém, o fim dos conflitos religiosos e da violência da guerra civil instalada no país. Somente em 2011 os Estados Unidos concluíram a retirada de suas tropas do território iraquiano, onde se estima que tenham morrido mais de 500 mil pessoas. Em 2014, a violência sectária e religiosa voltou a intensificar-se e o país segue em profunda instabilidade.

Em maio 2011, as tropas americanas conseguiram capturar e matar Osama Bin Laden, líder do grupo terrorista al-Qaeda, responsabilizado pelo ataque de 11 de setembro de 2001 ao World Trade Center, em Nova York.

Também em 2011, durante o mês de janeiro, o Egito foi abalado por uma série de manifestações, protestos e atos de desobediência civil contra a violência policial, as leis de estado de exceção, o desemprego, o baixo salário mínimo, a falta de moradia, a inflação, a corrupção, a falta de liberdade de expressão e outros fatores estruturais. O principal objetivo foi alcançado em 11 de fevereiro, quando a população tomou o centro da capital (Cairo) e de várias outras cidades para comemorar a renúncia do presidente Hosni Mubarak, no poder desde 1981. O país passou a ser governado pelo Conselho Superior das Forças Armadas até que, em 23 de junho de 2012, Mohamed Morsi, candidato da Irmandade Muçulmana venceu as eleições e se tornou o primeiro presidente civil democraticamente eleito do país. No entanto, a oposição o acusou de impor uma nova Constituição e forçar a islamização do Egito, levando a novas manifestações contra e a favor de seu governo. Adly Mansour assumiu o poder interinamente, até que em maio de 2014 Abdel Fattah el-Sisi, ex-ministro da Defesa, venceu as eleições para um mandato de 7 anos.

A revolução egípcia, que começou por influência dos protestos na Tunísia, por sua vez influenciou manifestações em outros países árabes, como o Iêmen, Bahrein, Jordânia e a Líbia. Também a Síria começou enfrentando protestos populares, mas que acabaram se transformando numa sangrenta guerra civil. A oposição diz querer destituir o presidente Bashar al-Assad e o governo alega estar combatendo terroristas. Os conflitos passaram a abranger aspectos religiosos, atingindo outros países, como o Iraque e o Líbano. Milhares de pessoas já morreram e, segundo a ONU, crimes de guerra e contra a humanidade estão ocorrendo no país, praticados por ambos os lados.

Por fim, e infelizmente, a organização palestina Hamas disparou foguetes contra Israel, em dezembro de 2008, a partir da Faixa de Gaza. Israel respondeu com uma série de ataques aéreos e por terra. Em julho de 2014, novo conflito, talvez ainda mais violento, eclodiu no mesmo local, levando à morte mais de dois mil palestinos e cerca de sessenta militares israelenses.

Além de tudo isso, Jasmim provavelmente ficaria muito triste e revoltada diante das notícias de que os atos discriminatórios, racistas e xenofóbicos contra muçulmanos (mas não só eles) têm aumentado em todo o mundo, em especial na Europa. A principal razão parece ser a crise econômica que assolou o continente, levando a um significativo aumento da intolerância e do preconceito contra as "minorias" e os "estrangeiros".

O Islamismo contemporâneo também parece estar sendo dominado pelo tradicionalismo e pelo conservadorismo, polarizando cada vez mais as discussões entre fundamentalistas e integralistas. Correntes radicais são frequentemente acusadas de atos terroristas e criticadas por defenderem a submissão da mulher, a perseguição de cristãos e o assassinato de dissidentes.

O Islamismo moderado, porém, defendido por muitos intelectuais muçulmanos, deseja a paz tanto quanto as outras religiões e atua no sentido de evitar as más interpretações da jurisprudência islâmica e abrir caminho para o pensamento moderno e livre.

Impresso na gráfica da
Pia Sociedade Filhas de São Paulo
Via Raposo Tavares, km 19,145
05577-300 - São Paulo, SP - Brasil - 2014